全国计算机技术与软件专业技术资格(水平)考试辅导用书

信息系统项目管理师
默写本

主　编　薛大龙

副主编　上官绪阳　赵德端　王红

关注大龙老师抖音
掌握最新考试资讯

电子工业出版社
Publishing House of Electronics Industry
北京·BEIJING

内 容 简 介

《信息系统项目管理师默写本》由曾多次参与软考命题工作的薛大龙教授担任主编。薛大龙教授非常熟悉命题形式、命题难度、命题深度和命题重点，了解学生在学习过程中的痛点。

本书是专为参加信息系统项目管理师考试的考生编写的，因为在备考过程中，很多考生反映不知道考试的重点是哪些，同时反映因离开学校多年，记不住这些知识点。有句话"好记性不如烂笔头"，因此编者结合二十多年的软考面授经验，组织编写了本书，考生可以根据本书的章节内容，每天背诵和默写一部分，渐渐积累知识点。

使用本书进行备考复习，不仅可以加深记忆、巩固理解、提高准确性，还可以锻炼思维、便于复习和回顾、激发学习动力以及检测学习成果。希望考生充分利用"默写本"这一有效的学习工具，通过自己的努力，快速掌握知识点，从而顺利通过考试。

未经许可，不得以任何方式复制或抄袭本书之部分或全部内容。
版权所有，侵权必究。

图书在版编目（CIP）数据

信息系统项目管理师默写本 / 薛大龙主编. -- 北京：电子工业出版社, 2025. 2. --（全国计算机技术与软件专业技术资格（水平）考试辅导用书）. -- ISBN 978-7-121-49536-6

Ⅰ．G203

中国国家版本馆CIP数据核字第2025KJ9771号

责任编辑：张彦红
文字编辑：高洪霞
印　　刷：三河市华成印务有限公司
装　　订：三河市华成印务有限公司
出版发行：电子工业出版社
　　　　　北京市海淀区万寿路173信箱　邮编：100036
开　　本：787×1092　1/16　印张：17.25　字数：419千字
版　　次：2025年2月第1版
印　　次：2025年2月第1次印刷
定　　价：69.00元

凡所购买电子工业出版社图书有缺损问题，请向购买书店调换。若书店售缺，请与本社发行部联系，联系及邮购电话：（010）88254888，88258888。
质量投诉请发邮件至zlts@phei.com.cn，盗版侵权举报请发邮件至dbqq@phei.com.cn。
本书咨询联系方式：faq@phei.com.cn。

全国计算机技术与软件专业技术资格（水平）考试辅导用书编委会

主　任：薛大龙

副主任：邹月平　姜美荣　胡晓萍

委　员：刘开向　胡　强　朱　宇　杨亚菲
　　　　施　游　孙烈阳　张　珂　何鹏涛
　　　　王建平　艾教春　王跃利　李志生
　　　　吴芳茜　黄树嘉　刘　伟　兰帅辉
　　　　马利永　王开景　韩　玉　周钰淮
　　　　罗春华　刘松森　陈　健　黄俊玲
　　　　孙俊忠　王　红　赵德端　涂承烨
　　　　余成鸿　贾瑜辉　金　麟　程　刚
　　　　唐　徽　刘　阳　马晓男　孙　灏
　　　　陈振阳　赵志军　顾　玲　上官绪阳

前 言

《信息系统项目管理师默写本》由曾多次参与软考命题工作的薛大龙教授担任主编。薛大龙教授非常熟悉命题形式、命题难度、命题深度和命题重点，了解学生在学习过程中的痛点。

本书是专为参加信息系统项目管理师考试的考生编写的，因为在备考过程中，很多考生反映不知道考试的重点是哪些，同时反映因离开学校多年，记不住这些知识点。因此编者结合二十多年的软考面授经验，组织编写了本书，考生可以根据本书的章节内容，每天背诵和默写一部分，渐渐积累知识点。

一、默写的必要性，好记性不如烂笔头

1. 加深记忆

默写是一种主动的学习方式，它要求考生回忆并写下知识点。通过这一过程，考生的大脑需要更努力地工作，从而加深对知识点的记忆。

与单纯的阅读或听讲相比，默写更能促进知识的长期记忆，因为它涉及信息的处理和重新组织。

2. 巩固、理解

默写不仅要求考生记住知识点，还要求他们理解其背后的逻辑和含义。在默写的过程中，考生需要回忆和整合所学的信息，这有助于巩固、理解。

通过默写，考生可以检查自己对知识点的掌握程度，从而及时发现并纠正自己在理解上的偏差。

3. 提高准确性

默写要求考生准确地写出知识点，这有助于培养考生对细节的关注和做题的准确性。在考试中，准确性往往是取得高分的关键，通过默写，考生可以逐渐提高自己在答题时的准确性和规范性，减少因粗心大意而导致的失分。

4. 锻炼思维

默写不仅是对知识点的回顾，还是对思维能力的锻炼。在默写的过程中，考生需要调动自己的记忆、理解和分析能力，这有助于培养他们的思维能力和解决问题的能力。

通过不断地默写练习，考生可以逐渐提高自己的思维速度和灵活性，更好地应对考试中出现的各种问题。

5. 便于复习和回顾

默写本可以作为复习的参考资料，方便考生在复习时快速回顾和巩固知识点。

与其他复习资料相比，默写本更加个性化，因为它记录了考生自己的学习和思考过程。通过回顾默写本，考生可以更好地了解自己的学习情况，制订更加有针对性的复习计划。

6. 激发学习动力

默写是一种具有挑战性的学习方式，它要求考生不断突破自己的极限。当考生能够成功地默写出越来越多的知识点时，就会感受到一种成就感，从而激发学习的动力。这种动力将促使他们更加努力地学习和备考。

7. 便于检测学习成果

默写本可以作为检测学习成果的工具。通过对比默写本上的答案和正确答案，考生可以清楚地看到自己在哪些知识点上还存在不足，从而有针对性地进行查漏补缺。

综上所述，使用默写本进行备考复习具有诸多优势，不仅可以加深记忆、巩固理解、提高准确性，还可以锻炼思维、便于复习和回顾、激发学习动力、检测学习成果。因此，在备考过程中，考生应该充分利用默写本这一有效的学习工具。

二、作者阵容强大，助你明确重点

本书由薛大龙担任主编，由上官绪阳、赵德端、王红担任副主编，其中赵德端负责编写第1~5章和第18章，上官绪阳负责编写第6~17章，王红负责编写第19~24章，薛大龙负责编写第25~27章。全书由薛大龙确定架构，由赵德端统稿，由薛大龙定稿。

薛大龙，中共党员，全国计算机技术与软件专业技术资格（水平）考试辅导用书编委会主任，北京理工大学博士研究生，多所大学客座教授，北京市评标专家，财政部政府采购评审专家，曾多次参与全国软考的命题与阅卷，作为规则研究者，非常熟悉命题要求、命题形式、命题难度、命题深度、命题重点及判卷标准等。

上官绪阳，软考面授讲师，项目管理经验丰富，具有丰富的企业和高校带教经验。精于知识要点及考点的提炼和研究，方法独特，善于运用生活案例传授知识要点，轻松有趣，易于理解，颇受学员推崇和好评。

赵德端，软考新锐讲师，授课学员近十万人次。专业基础扎实，授课思路清晰，擅长提炼总结高频考点，举例通俗易懂，化繁为简。深知考试套路，熟知解题思路。教学风格生动活泼，灵活有趣，擅长运用口诀联系实际进行授课，充满趣味性，深受学员喜爱。

王红，软考资深讲师，PMP、信息系统项目管理师，具有丰富的软考和项目管理实战与培训经验，对软考有深入研究，专业知识扎实，授课方法精妙，经常采用顺口溜记忆法和一些常识引发考生的理解与记忆；教学风格干净利落，温和中不失激情，极富感染力，深受学员好评。曾在北京、上海、广东、湖北等地进行公开课和企业内训。

感谢电子工业出版社博文视点的张彦红和高洪霞编辑，他们在本书的策划、选题的申报、写作大纲的确定以及编辑出版等方面付出了辛勤劳动和智慧，在此表示感谢。

希望考生能够利用默写本这一工具，通过自己的努力，快速掌握知识点，从而顺利通过考试。

编 者
2024年于北京

目 录

默写部分

第1章 信息化发展 ·················· 001
 第1节 信息与信息化 ············ 002
 第2节 现代化基础设施 ·········· 003
 第3节 现代化创新发展 ·········· 004
 第4节 数字中国 ················ 006
 第5节 数字化转型与元宇宙 ······ 008

第2章 信息技术发展 ·············· 009
 第1节 信息技术及其发展 ········ 010
 第2节 新一代信息技术及应用 ···· 015

第3章 信息系统治理 ·············· 018
 第1节 IT治理 ·················· 019
 第2节 IT审计 ·················· 020

第4章 信息系统管理 ·············· 022
 第1节 管理方法 ················ 023
 第2节 管理要点 ················ 025

第5章 信息系统工程 ·············· 027
 第1节 软件工程 ················ 028
 第2节 数据工程 ················ 031
 第3节 系统集成 ················ 032
 第4节 安全工程 ················ 033

第6章 项目管理概论 ·············· 035
 第1节 PMBOK ··················· 036
 第2节 项目基本要素 ············ 036
 第3节 项目经理的角色 ·········· 038

 第4节 价值驱动的项目管理
    知识体系 ················ 039

第7章 项目立项管理 ·············· 043
 第1节 项目建议与立项申请 ······ 044
 第2节 项目可行性研究 ·········· 044
 第3节 项目评估与决策 ·········· 045

第8章 项目整合管理 ·············· 046
 第1节 管理基础 ················ 047
 第2节 项目整合管理过程 ········ 048
 第3节 制定项目章程 ············ 048
 第4节 制订项目管理计划 ········ 049
 第5节 指导与管理项目工作 ······ 050
 第6节 管理项目知识 ············ 051
 第7节 监控项目工作 ············ 051
 第8节 实施整体变更控制 ········ 051
 第9节 结束项目或阶段 ·········· 052

第9章 项目范围管理 ·············· 053
 第1节 管理基础 ················ 054
 第2节 项目范围管理过程 ········ 054
 第3节 规划范围管理 ············ 055
 第4节 收集需求 ················ 055
 第5节 定义范围 ················ 057
 第6节 创建WBS ················· 058
 第7节 确认范围 ················ 059
 第8节 控制范围 ················ 060

第10章 项目进度管理 ·············· 061
第1节 管理基础 ·············· 062
第2节 项目进度管理过程 ·············· 062
第3节 规划进度管理 ·············· 063
第4节 定义活动 ·············· 063
第5节 排列活动顺序 ·············· 064
第6节 估算活动持续时间 ·············· 066
第7节 制订进度计划 ·············· 067
第8节 控制进度 ·············· 069

第11章 项目成本管理 ·············· 070
第1节 管理基础 ·············· 071
第2节 项目成本管理过程 ·············· 071
第3节 规划成本管理 ·············· 072
第4节 估算成本 ·············· 072
第5节 制定预算 ·············· 073
第6节 控制成本 ·············· 074

第12章 项目质量管理 ·············· 076
第1节 管理基础 ·············· 077
第2节 项目质量管理过程 ·············· 078
第3节 规划质量管理 ·············· 078
第4节 管理质量 ·············· 079
第5节 控制质量 ·············· 080

第13章 项目资源管理 ·············· 081
第1节 管理基础 ·············· 082
第2节 项目资源管理过程 ·············· 082
第3节 规划资源管理 ·············· 082
第4节 估算活动资源 ·············· 083
第5节 获取资源 ·············· 083
第6节 建设团队 ·············· 084
第7节 管理团队 ·············· 085
第8节 控制资源 ·············· 085

第14章 项目沟通管理 ·············· 087
第1节 管理基础 ·············· 088
第2节 项目沟通管理过程 ·············· 088
第3节 规划沟通管理 ·············· 089
第4节 管理沟通 ·············· 090
第5节 监督沟通 ·············· 090

第15章 项目风险管理 ·············· 091
第1节 管理基础 ·············· 092
第2节 项目风险管理过程 ·············· 093
第3节 规划风险管理 ·············· 093
第4节 识别风险 ·············· 093
第5节 实施定性风险分析 ·············· 094
第6节 实施定量风险分析 ·············· 095
第7节 规划风险应对 ·············· 095
第8节 实施风险应对 ·············· 096
第9节 监督风险 ·············· 097
第10节 风险管理示例 ·············· 097

第16章 项目采购管理 ·············· 098
第1节 管理基础 ·············· 099
第2节 项目采购管理过程 ·············· 099
第3节 规划采购管理 ·············· 099
第4节 实施采购 ·············· 100
第5节 控制采购 ·············· 101
第6节 项目合同管理 ·············· 101

第17章 项目干系人管理 ·············· 103
第1节 管理基础 ·············· 104
第2节 项目干系人管理过程 ·············· 104
第3节 识别干系人 ·············· 104
第4节 规划干系人参与 ·············· 105
第5节 管理干系人参与 ·············· 106
第6节 监督干系人参与 ·············· 106

第18章 项目绩效域 ·············· 107

第19章 配置与变更管理 ·············· 112
第1节 配置管理 ·············· 113
第2节 变更管理 ·············· 116
第3节 项目文档管理 ·············· 118

第20章 高级项目管理 …………… 119
    第1节 项目集管理 ……………… 120
    第2节 项目组合管理 …………… 121
    第3节 组织级项目管理 ………… 122
    第4节 量化项目管理 …………… 123
    第5节 项目管理实践模型 ……… 125

第21章 项目管理科学基础 ……… 127
    第1节 工程经济学 ……………… 128
    第2节 运筹学 …………………… 130

第22章 组织通用治理 …………… 135
    第1节 组织战略 ………………… 136
    第2节 绩效考核 ………………… 138
    第3节 转型升级 ………………… 141

第23章 组织通用管理 …………… 142
    第1节 人力资源管理 …………… 143
    第2节 流程管理 ………………… 145
    第3节 知识管理 ………………… 146
    第4节 市场营销 ………………… 148

第24章 法律法规与标准规范 …… 150
    第1节 法律法规 ………………… 151
    第2节 标准规范 ………………… 153

第25章 计算题进阶 ……………… 154
    第1节 成本计算 ………………… 155
    第2节 进度计算 ………………… 156

第26章 "六脉神剑"之必背技术类大题 …………………………… 160

第27章 "独孤九剑"之必背管理类大题 …………………………… 163

答案部分

第1章 信息化发展 答案 ……………… 167
第2章 信息技术发展 答案 …………… 171
第3章 信息系统治理 答案 …………… 176
第4章 信息系统管理 答案 …………… 178
第5章 信息系统工程 答案 …………… 180
第6章 项目管理概论 答案 …………… 184
第7章 项目立项管理 答案 …………… 189
第8章 项目整合管理 答案 …………… 191
第9章 项目范围管理 答案 …………… 195
第10章 项目进度管理 答案 ………… 200
第11章 项目成本管理 答案 ………… 206
第12章 项目质量管理 答案 ………… 209
第13章 项目资源管理 答案 ………… 212
第14章 项目沟通管理 答案 ………… 215
第15章 项目风险管理 答案 ………… 217
第16章 项目采购管理 答案 ………… 221
第17章 项目干系人管理 答案 ……… 224
第18章 项目绩效域 答案 …………… 226
第19章 配置与变更管理 答案 ……… 230
第20章 高级项目管理 答案 ………… 234
第21章 项目管理科学基础 答案 …… 238
第22章 组织通用治理 答案 ………… 248
第23章 组织通用管理 答案 ………… 253
第24章 法律法规与标准规范 答案 … 258
第25章 计算题进阶 答案 …………… 260
第26章 "六脉神剑"之必背技术类大题 答案 ……………………… 262
第27章 "独孤九剑"之必背管理类大题 答案 ……………………… 265

默写部分

第 1 章
信息化发展

知识体系构建

信息化发展
- 信息与信息化
  - 信息基础
  - 信息系统基础
  - 信息化基础
- 数字化转型与元宇宙
  - 数字化转型
  - 元宇宙
- 数字中国
  - 数字经济
  - 数字政府
  - 数字社会
  - 数字生态
- 现代化基础设施
  - 新型基础设施建设
  - 工业互联网
  - 车联网
- 现代化创新发展
  - 农业农村现代化
  - 两化融合与智能制造
  - 消费互联网

全新考情点拨

根据考试大纲，本章知识点会涉及单项选择题，按以往全国计算机技术与软件专业技术（水平）资格考试的出题规律，本章知识点约占10分。本章内容属于基础知识范畴，考查的知识点来源于教材，也有少量扩展内容。

第1节　信息与信息化

知识点1　信息基础

1. 信息论的奠基者

_____指出信息是用来消除随机不定性的东西。

2. 信息的特征

信息的特征有_____、_____、_____、_____、_____、_____、_____、_____、_____和_____。

3. 信息的质量属性及其解释

信息的质量属性	解　释
_____	对事物状态描述的精准程度
_____	对事物状态描述的全面程度
_____	信息来源合法，传输过程可信
_____	信息的获得及时
_____	信息获取、传输成本在可以接受的范围之内
_____	信息的主要质量属性可以证实或证伪
_____	信息可以被非授权访问的可能性，可能性越低，安全性越高

知识点2　信息系统基础

1. 信息系统的特点

信息系统面向_____、支持_____。

2. 信息系统生命周期

信息系统的生命周期可以简化为：_____（可行性分析与项目开发计划），系统分析（需求分析），_____（概要设计、详细设计），_____（编码、测试），系统运行和维护等阶段。

知识点3　信息化基础

1. 信息化的内涵

（1）信息化的内涵主要包括：_____、_____、_____、

_____。

（2）信息化的主体是_____，包括政府、企业、事业、团体和个人；信息化的时域是一个_____的过程，它的空域是政治、经济、文化、军事和社会的_____。

2. 信息化体系六要素的地位

_____是核心，_____是龙头，_____是基础设施，_____是物质基础，_____是成功之本，_____和_____是保障。

3. 信息化的趋势

（1）_____：物质产品的特征向信息产品的特征迈进；产品具有越来越强的信息处理功能。

（2）_____：农业、工业、服务业等传统产业广泛利用信息技术实现产业内各种资源、要素的优化与重组，从而实现产业的升级。

（3）_____：整个社会体系采用先进的信息技术，建立各种互联网平台和网络，生活获得各种便利。

（4）_____：指在经济大系统内实现统一的信息大流动，使金融、贸易、投资、计划、营销等组成一个信息大系统，生产、流通、分配、消费等经济的四个环节通过信息进一步连成一个整体，是世界各国急需实现的目标。

第2节　现代化基础设施

知识点1　新型基础设施建设

"新基建"

（1）新基建包括七大领域：_____、特高压、_____和城际轨道交通、_____、大数据中心、人工智能、_____。

（2）新基建包括三方面，分别为：

_____：基于新一代信息技术演化生成的基础设施，包括通信网络基础设施、新技术基础设施、算力基础设施，凸显"_____"。

_____：深度应用互联网、大数据、人工智能等技术，支撑传统基础设施转型升级，进而形成的融合基础设施，包括智能交通基础设施、智慧能源基础设施。重在"_____"。

_____：支撑科学研究、技术开发、产品研制的具有公益属性的基础设施，包括重大科技基础设施、科教基础设施、产业技术创新基础设施，强调"_____"。

知识点3　工业互联网

工业互联网四大层级

四大层级	地位	内　容
_____	基础	包括_____、_____和_____三部分
_____	中枢	包括边缘层、IaaS、PaaS、SaaS四个层级
_____	要素	三个特性：重要性、专业性、复杂性
	保障	监测预警、应急响应、检测评估、功能测试

知识点3　车联网

1. 车联网体系架构

车联网（Internet of Vehicles，IoV）系统是一个"_____、_____、_____"三层体系。

2. 车联网连接方式

车联网分别是_____、_____、_____、_____、_____等全方位网络连接。

第3节　现代化创新发展

知识点1　农业农村现代化

1. 农业现代化

_____是农业现代化的重要技术手段。

农业信息产业化是以信息化的方式改造传统农业，把农业发展推进到更高阶段，实现信息时代的农业现代化。

2. 乡村振兴战略

推进农业农村数字化发展，重点是完善农村_____，加快数字技术推广应用，让广大农民共享数字经济发展红利。

要聚焦数字赋能农业农村现代化建设，重点_____、_____、_____等方面。

知识点2　两化融合与智能制造

1. 两化融合

（1）两化融合的含义：_____和_____的高层次的深度结合。

（2）两化融合的核心：_____，_____。

（3）两化融合的内容如下。

_____：指工业技术与信息技术的融合，产生新的技术，推动技术创新（如：汽车电子技术、工业控制技术）。

_____：指电子信息技术或产品渗透到产品中，增加产品的技术含量，从而提高使用产品的附加值（如：数控机床、智能家电、遥控飞机）。

_____：指信息技术应用到企业研发设计、生产制造、经营管理、市场营销等各个环节，推动企业业务创新和管理升级。

_____：指两化融合可以催生出的新产业，形成一些新兴业态，如工业电子、工业软件、工业信息服务业。

2. 智能制造

（1）智能制造是基于新一代_____与先进制造技术深度融合，贯穿于_____、_____、_____、_____等制造活动的各个环节，具有_____、_____、_____、自执行、自适应等功能的新型生产方式。

（2）智能制造能力成熟度模型（自低向高）如下。

_____：企业应开始对实施智能制造的基础和条件进行规划，能够对核心业务活动（设计、生产、物流、销售、服务）进行流程化管理。

_____：企业应采用自动化技术、信息技术手段对核心装备和业务活动等进行改造和规范，实现单一业务活动的数据共享。

_____：企业应对装备、系统等开展集成，实现跨业务活动间的数据共享。

_____：企业应对人员、资源、制造等进行数据挖掘，形成知识、模型等，实现对核心业务活动的精准预测和优化。

_____：企业应基于模型持续驱动业务活动的优化和创新，实现产业链协同并衍生新的制造模式和商业模式。

知识点3　消费互联网

消费互联网

（1）消费互联网的本质是_____；以_____为服务中心。

（2）消费互联网的基本属性：_____（自媒体、社会媒体、资讯为主的网站）、

_____（在线旅行、为消费者提供生活服务的电子商务等）。

（3）消费互联网应用新格局：

新型网络经济，如网络商城、快递、餐饮外卖、_____等，成就了社交网络的消费互联网的核心地位。

消费互联网进一步强化了"_____"的发展进程。

第4节　数字中国

知识点1　数字经济

（1）从产业构成来看，数字经济包括_____和_____两大部分。数字产业化包括数字产品制造业、数字产品服务业、数字技术应用业、数字要素驱动业。产业数字化指数字化效率提升业。

（2）从整体构成上看，数字经济包括_____、_____、_____和_____四个部分。

其中，

①_____：指为产业数字化发展提供数字技术、产品、服务、基础设施和解决方案，以及完全依赖于数字技术、数据要素的各类经济活动。其发展重点包括云计算、大数据、物联网、工业互联网、区块链、人工智能、增强现实和虚拟现实。

②_____：是指在新一代数字科技支撑和引领下，以_____为关键要素，以价值释放为核心，以数据赋能为主线，对产业链上下游的全要素数字化升级、转型和再造的过程。

③_____：其核心特征是全社会的数据互通、数字化的全面协同与跨部门的流程再造，形成"用数据说话、用数据决策、用数据管理、用数据创新"的治理机制。

④数据价值化的"三化"框架，即_____、_____、_____。

知识点2　数字政府

（1）数字政府建设的关键词主要包括：_____、_____、_____。

（2）数字政府的主要内容体现在：

_____：依托于一体化在线政务服务平台，各个政务部门的业务只需要在同一个网上大厅即可办理。

_____：有效满足各类市场主体和广大人民群众异地办事需求。

_____：围绕城市治理水平的提升，用实时在线数据和各类智能方法，及时、精准地发现问题、对接需求、研判形势、预防风险，以最快时间、最低成本解决突出问题。通常强调：_____、一屏、_____、_____、创新。

知识点3 数字社会

（1）数字民生建设重点强调：_____、_____、_____。

（2）智慧城市基本原理表现：

强调"人民城市为人民"，以_____为中心，以面向政府、企业、市民等主体提供智慧化的服务为主要模式。

重点强化_____、_____、_____、_____和_____5个核心能力要素建设；更加注重规划设计、部署实施、运营管理、评估改进和创新发展在内的智慧城市全生命周期管理；目标旨在推动城市治理、民生服务、生态宜居、产业经济、精神文明五位一体的高质量发展；持续推动城市治理体系与治理能力现代化水平提升。

（3）智慧城市成熟度等级：（一级）_____、（二级）_____、（三级）_____、（四级）_____、（五级）_____。

（4）数字乡村是伴随_____、_____和_____在农业农村经济社会发展中的应用，以及农民现代信息技能的提高而内生的农业农村现代化发展和转型进程。

（5）数字生活主要体现在：_____、_____、_____、_____。

知识点4 数字生态

（1）_____作为新型生产要素，具有劳动工具和劳动对象的双重属性，是数字经济的关键要素。

（2）数字营商环境评价指标体系有5个一级指标：

- _____，包含普遍接入、智慧物流设施、电子支付设施；
- _____，包含公共数据开放、数据安全；
- _____，包含数字经济业态市场准入、政务服务便利度；
- _____，包含平台企业责任、商户权利与责任、数字消费者保护；
- _____，包含数字创新生态、数字素养与技能、知识产权保护。

第5节　数字化转型与元宇宙

知识点1　数字化转型

（1）数字化转型的驱动因素：
- 生产力飞升：第_____次科技革命。
- 生产要素变化：_____是与土地、劳动力、资本和技术并列的主要生产要素。
- 信息_____突破：社会互联网新格局。
- 社会"智慧主体"规模：快速复制与"_____"。

（2）智慧转移的S8D模型：基于DIKW模型，构筑了"_____""_____"两大过程的8个转化活动。

（3）DIKW模型：_____、_____、_____和_____。

知识点2　元宇宙

元宇宙的主要特征：_____、_____、虚拟经济、虚拟社会治理。

第 2 章
信息技术发展

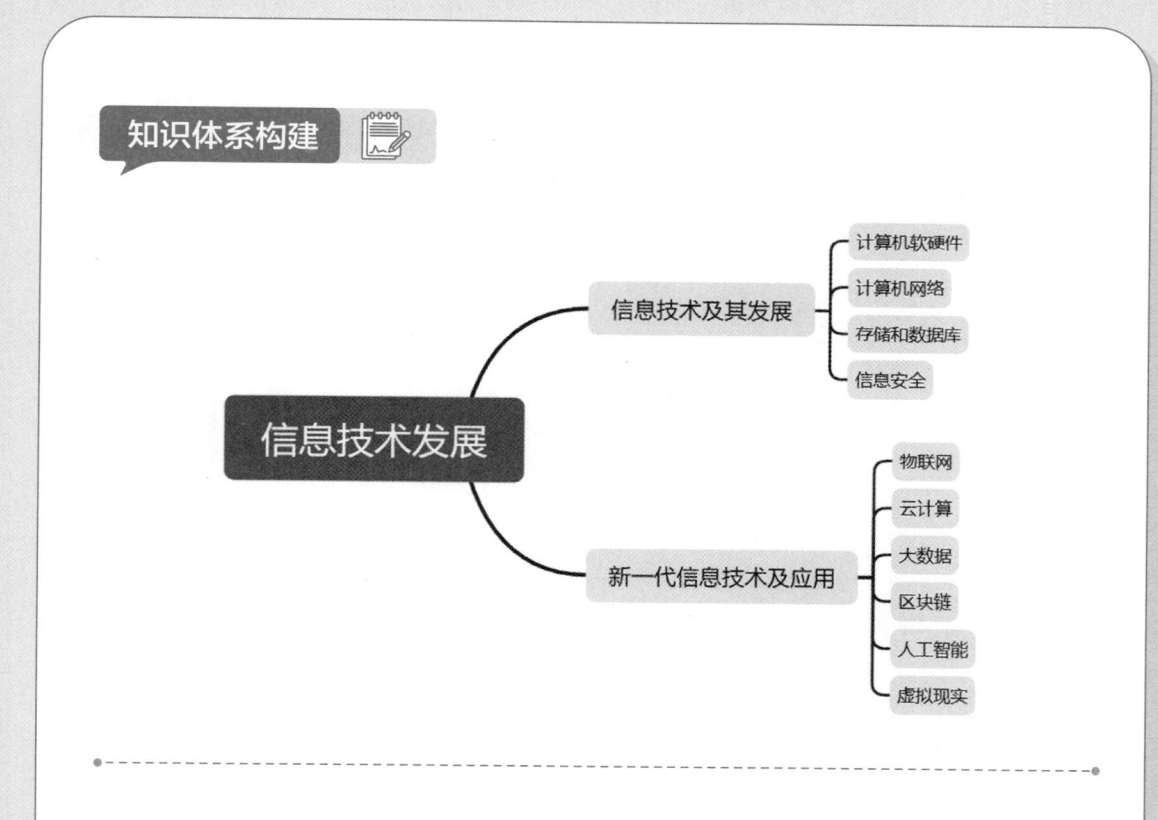

知识体系构建

信息技术发展
- 信息技术及其发展
  - 计算机软硬件
  - 计算机网络
  - 存储和数据库
  - 信息安全
- 新一代信息技术及应用
  - 物联网
  - 云计算
  - 大数据
  - 区块链
  - 人工智能
  - 虚拟现实

全新考情点拨

根据考试大纲，本章知识点会涉及单项选择题，按以往全国计算机技术与软件专业技术资格（水平）考试的出题规律，本章知识点约占5分。本章内容属于基础知识范畴，考查的知识点来源于教材，也有少量扩展内容。

第1节　信息技术及其发展

知识点1　计算机软硬件

1. 计算机硬件

（1）计算机硬件主要分为：_____、_____、_____、_____和_____。

（2）_____根据事先给定的命令发出控制信息，使整个电脑指令执行过程一步一步地进行。控制器是整个计算机的中枢神经。

（3）_____的功能是对数据进行各种算术运算和逻辑运算，即对数据进行加工处理。

（4）存储器分为内存储器和外存储器，内存储器包括_____、_____两大类；外存储器一般包括软盘和软驱、_____、_____、移动硬盘、_____等。

（5）常见的_____有_____、_____、麦克风、摄像头、_____、扫码枪、手写板、触摸屏等。

（6）常用的_____有显示器、_____、激光印字机和绘图仪等。

2. 计算机软件

计算机软件分为_____、_____和_____。

知识点2　计算机网络

1. 通信基础

（1）一个通信系统包括三大部分：_____（发送端或发送方）、_____（传输网络）和_____（接收端或接收方）。

（2）现代的关键通信技术有_____、_____、_____等。

2. 通信网络

（1）从网络的作用范围可将网络类别划分为_____、_____、_____、_____。

（2）从网络的使用者角度可以将网络分为_____、_____。

3. 网络设备

（1）信息在网络中的传输主要有_____和_____。

（2）在计算机网络中，按照交换层次的不同，网络交换可以分为_____交换、_____交换、_____交换、_____交换、_____交换。

（3）在网络互连时，各节点一般不能简单地直接相连，而是需要通过一个_____来实现，包括有_____（实现物理层协议转换，在电缆间转换二进制信号）、_____（实现物理层和数据链路层协议转换）、_____（实现网络层和以下各层协议转换）、_____（提供从底层到传输层或以上各层的协议转换）和交换机等。

4. 网络标准协议

（1）网络协议的三要素：_____（做什么）、_____（怎么做）和_____（做的顺序）。

（2）OSI七层协议从下到上为：_____、_____、_____、_____、_____、_____、_____。

（3）_____协议是互联网协议的核心，处于OSI的_____，包括以下协议：

_____：文件传输协议

_____：简单文件传输协议

_____：超文本传输协议

_____：简单邮件传输协议

_____：动态主机配置协议

_____：远程登录协议

_____：域名系统

_____：简单网络管理协议

（4）在OSI的_____有两个重要的传输协议，分别是_____（传输控制协议）和_____（用户数据报协议），这些协议负责提供_____、_____和_____。

5. 软件定义网络

（1）_____（SDN）是一种新型网络创新架构，是网络虚拟化的一种实现方式，它可通过软件编程的形式定义和控制网络，其通过将网络设备的_____与_____分离开来，从而实现了网络流量的灵活控制，使网络变得更加智能，为核心网络及应用的创新提供了良好的平台。

（2）SDN的整体架构由下到上（由南到北）分为_____、_____和_____。

（3）SDN中的接口具有开放性，以_____为逻辑中心，南向接口负责与_____进行通信，北向接口负责与_____进行通信。

（4）OpenFlow最基本的特点是基于_____（Flow）的概念来匹配转发规则。

6. 第五代移动通信技术

（1）第五代移动通信技术（5G）是具有_____、_____和_____特点的新一代移动通信技术。

（2）5G的三大类应用场景，即_____、_____和_____。

（3）_____主要面向移动互联网流量爆炸式增长，为移动互联网用户提供更加极致的应用体验。

（4）_____主要面向_____、_____、_____等对时延和可靠性有极高要求的垂直行业应用需求。

（5）_____主要面向智慧城市、智能家居、环境监测等以传感和数据采集为目标的应用需求。

知识点3　存储和数据库

1. 存储技术

（1）存储分类根据服务器类型分为_____的存储和_____的存储。_____主要指大型机等服务器。_____指基于包括麒麟、欧拉、UNIX、Linux等操作系统的服务器。

（2）外挂存储根据连接方式分为_____（DAS）和_____（FAS）。

（3）网络化存储根据传输协议又分为_____（NAS）和_____（SAN）。

（4）_____是"云存储"的核心技术之一，它把来自一个或多个网络的存储资源整合起来，向用户提供一个抽象的逻辑视图，用户可以通过这个视图中的统一逻辑接口来访问被整合的存储资源。

2. 数据结构模型

（1）常见的数据结构模型有三种：_____、_____和_____。

（2）_____使用_____结构来表示数据之间的层次关系。每个节点只能有一个父节点，但可以有多个子节点。这种模型数据结构简单清晰、数据库查询效率高。

（3）_____使用_____来表示实体类型及实体间联系的数据结构。这种模型结构比较复杂、数据独立性差。

（4）_____是用_____的形式表示实体以及实体之间的联系的模型。这种模型结构简单易用、易于管理，具有可扩展性。

3. 常用数据库类型

（1）数据库根据存储方式可以分为_____（SQL）和_____（NoSQL）。

（2）_____支持事务的ACID原则，即原子性、一致性、隔离性、持久性这四种。

（3）_____是_____、_____、不保证遵循ACID原则的数据存储系统。该数据库的特征包括_____的存储、基于_____模型、具有_____的使用场景。

（4）常用数据库类型的优缺点

数据库类型	特点类型	描述
关系型数据库	优点	①_____。 ②_____。 ③_____。
关系型数据库	缺点	①大量数据、高并发下_____不足。 ②具有固定的表结构，因此_____。 ③多表的关联查询导致性能欠佳。
非关系型数据库	优点	①高并发，_____。 ②基本支持_____。 ③简单。
非关系型数据库	缺点	①事务支持较弱。 ②_____差。 ③无完整约束，复杂业务场景支持较差。

4. 数据仓库

（1）数据仓库是一个面向_____的、_____、非易失的且_____的数据集合，用于支持_____。

（2）_____：用户从数据源抽取出所需的数据，经过数据清洗、转换，最终按照预先定义好的数据仓库模型，将数据加载到数据仓库中。

（3）_____是数据仓库系统的基础，是整个系统的数据源泉。

（4）_____是整个数据仓库系统的核心和关键。

（5）_____对分析需要的数据进行有效集成，按多维模型予以组织，以便进行多角度、多层次的分析，并发现趋势。

（6）_____主要包括各种查询工具、报表工具、分析工具、数据挖掘工具，以及各种基于数据仓库或数据集市的应用开发工具。

知识点4 信息安全

1. 信息安全基础

（1）信息安全三要素：

_____：信息不被泄露给未授权的个人、实体和过程，或不被其使用的特性。简单地说，就是确保所传输的数据只被其预定的接收者读取。

_____：保护资产的正确和完整的特性。简单地说，就是确保接收到的数据是发送的数据，数据不应该被改变。

_____：需要时，授权实体可以访问和使用的特性。

（2）信息系统安全可以划分为以下四个层次：

_____：设备的稳定性、可靠性、可用性。

_____：数据安全属性包括秘密性、完整性和可用性。

_____：信息内容在政治上是健康的，符合国家的法律法规，符合中华民族优良的道德规范等。

_____：行为的秘密性、完整性、可控性。

2. 加密与解密

（1）对称加密技术：文件加密和解密使用_____的密钥。

（2）非对称加密技术：分为_____和_____，一个用来加密，另一个用来解密。

（3）_____：将任意长的报文M映射为定长的_____，也称报文摘要。

（4）_____：签名是证明当事者的身份和数据真实性的一种信息，_____、_____、能验真伪。

（5）_____：又称鉴别或确认，它是证实某事是否名副其实或是否有效的一个过程。

3. 信息系统安全

（1）操作系统面临的安全威胁主要有：_____、_____、_____、_____、_____。

（2）常见的网络威胁包括：_____、_____、_____、拒绝服务（DoS）攻击及分布式拒绝服务（DDoS）攻击、僵尸网络、网络钓鱼、网络欺骗、网站安全威胁。

4. 网络安全技术

（1）_____：建立在内外网络边界上的过滤机制，内部网络被认为是安全和可信赖的，而外部网络被认为是不安全和不可信赖的。

（2）入侵检测与防护：

_____（IDS）：注重网络安全状况的监管，通过监视网络或系统资源，寻找违反安全策略的行为或攻击迹象并发出报警。因此绝大多数IDS系统都是被动的。

_____（IPS）：倾向于提供主动防护，注重对入侵行为的控制。

（3）_____：依靠ISP（Internet服务提供商）和其他NSP（网络服务提供商）在公用网络中建立专用的、安全的数据通信通道的技术。

（4）_____：包括漏洞扫描、端口扫描、密码类扫描（发现弱口令密码）等。

（5）_____：是一种主动防御技术，也是一个"诱捕"攻击者的陷阱。通过模拟一个或多个易受攻击的主机和服务，给攻击者提供一个容易攻击的目标，延缓对真正目标的攻击。

第2节　新一代信息技术及应用

知识点1　物联网

1. 技术基础

（1）物联网架构：_____、_____、_____。

（2）_____由各种_____构成，包括温度传感器、二维码标签、RFID标签和读写器，摄像头，GPS等感知终端，是物联网_____、_____的来源。

（3）_____由各种网络，包括互联网、广电网、网络管理系统和云计算平台等组成，是整个物联网的_____，负责_____感知层获取的信息。

（4）_____是物联网和用户的接口，它与行业需求结合以实现物联网的_____。

2. 关键技术

（1）_____是一种检测装置，它能将检测到的信息，按一定规律变换成为电信号或其他所需形式的信息输出，以满足信息的传输、处理等要求。

（2）_____（RFID）是物联网中使用的一种传感器技术，可通过无线电信号识别特定目标并读写相关数据。

（3）_____（MEMS）是由微传感器、微执行器、信号处理和控制电路、通信接口和电源等部件组成的一体化的微型器件系统。

知识点2 云计算

云服务类型

（1）_____（IaaS）：向用户提供_____、_____等基础设施方面的服务。这种服务模式需要较大的基础设施投入和长期运营管理经验，其单纯出租资源的盈利能力有限。

（2）_____（PaaS）：向用户提供虚拟的_____、_____、_____等平台化的服务。PaaS服务的重点不在于_____，而更注重构建和形成紧密的产业生态。

（3）_____（SaaS）：向用户提供_____（如CRM、办公软件等）、_____、工作流等虚拟化软件的服务，SaaS一般采用_____和_____，通过Internet向用户提供多租户、可定制的应用能力，使软件提供商从软件产品的生产者转变为应用服务的运营者。

知识点3 大数据

1. 大数据的特点

大数据的主要特征包括：_____、_____、_____、_____等。

2. 关键技术

（1）分布式计算的核心是将任务_____，分配给多台计算机进行处理，通过_____的机制，达到节约整体计算时间，提高计算效率的目的。

（2）_____就是从大量、不完全、有噪声、模糊、随机的实际应用数据中，提取隐含在其中的人们事先不知道的、又潜在有用的信息和知识的过程。

知识点4 区块链

1. 技术基础

（1）区块链分为_____、_____、_____和_____四大类。

（2）区块链的典型特征：_____、_____、_____、_____、_____、_____。

2. 关键技术

（1）_____：每一个节点保存一个唯一、真实账本的副本，账本里的任何改动都会在所有的副本中被反映出来。

（2）区块链系统中的加密算法一般分为_____和_____。

（3）_____：在没有中心点总体协调情况下，所有节点要根据一定的规则和机制，对某一提议是否能够达成一致进行计算和处理。

知识点5　人工智能

关键技术

人工智能的关键技术主要包括：

（1）_____：是一种自动将模型与数据匹配，并通过训练模型对数据进行"学习"的技术。

（2）_____：它研究能实现人与计算机之间用自然语言进行有效通信的各种理论和方法，主要应用于机器翻译、_____、_____、_____、_____、_____、文本语义对比、语音识别等方面。

（3）_____：是一种模拟人类专家解决领域问题的计算机程序系统。

知识点6　虚拟现实

主要特征

虚拟现实技术的主要特征包括_____、_____、_____、_____和_____。

第 3 章
信息系统治理

知识体系构建

```
                    ┌── IT治理的内涵
                    ├── IT治理体系
          ┌── IT治理 ┤
          │         ├── IT治理任务
          │         └── IT治理方法与标准
信息系统治理 ┤
          │         ┌── IT审计基础
          │         ├── 审计方法和技术
          └── IT审计 ┤
                    ├── 审计流程
                    └── 审计内容
```

全新考情点拨

根据考试大纲，本章知识点会涉及单项选择题，按以往全国计算机技术与软件专业技术资格（水平）考试的出题规律，本章知识点约占2~3分。本章内容属于基础知识范畴，考查的知识点主要来源于教材，基本没有扩展内容。

第1节　IT治理

知识点1　IT治理的内涵

（1）IT治理由_____或_____负责。

（2）IT治理强调_____与_____保持一致。

（3）IT治理的主要目标包括_____、_____与_____、_____。

（4）IT治理的管理层次大致可分为三层：_____、_____、_____。

知识点2　IT治理体系

（1）IT关键决策包括_____、_____、_____、_____、_____。

（2）IT治理体系框架包括_____、_____、_____、_____和_____等部分，形成一整套IT治理运行闭环。

（3）IT治理的核心内容包括_____、_____、_____、_____、_____和_____六个方面。

（4）建立IT治理机制的原则包括_____、_____、_____、_____。

知识点3　IT治理任务

组织开展IT治理活动的主要任务为_____、_____、_____、_____、_____。

知识点4　IT治理方法与标准

（1）在IT治理目标和边界确定的情况下，IT治理围绕_____、_____、_____、_____四个方面，通过相关框架体系的研究，规范和引导组织的IT治理完成"_____""_____""_____""_____"等问题。

（2）《信息技术服务治理 第1部分：通用要求》（GB/T 34960.1）规定了IT治理的模型和框架、实施IT治理的原则，以及开展IT顶层设计、管理体系和资源的治理要求。在该标准中，IT治理框架包含_____、_____和_____三大治理域。

第2节　IT审计

知识点1　IT审计基础

（1）IT审计的重要性是指_____对组织影响的严重程度，如_____、_____、_____、_____。

（2）IT审计的目的是指通过开展IT审计工作，了解组织_____与_____的总体状况，对组织是否实现IT目标进行审查和评价，充分识别与评估相关IT风险，提出评价意见及改进建议，促进组织实现IT目标。

（3）组织的IT目标主要包括：

① _____。
② _____。
③ _____。
④ _____。

（4）IT审计范围的确定

IT 审计范围	说　明
_____	需要根据审计目的和投入的审计成本来确定
_____	明确审计涉及的组织机构、主要流程、活动及人员等
_____	具体的物理地点与边界
_____	涉及的信息系统和逻辑边界

（5）IT审计风险主要包括_____、_____、_____和_____。

知识点2　审计方法和技术

（1）IT审计常用方法包括_____、_____、_____、_____、_____和_____等。

（2）IT风险评估技术一般包括：

_____：用以识别可能影响一个或多个目标的不确定性，包括德尔菲法、头脑风暴法、检查表法、SWOT技术及图解技术等。

_____：是对风险影响和后果进行评价和估量，包括定性分析和定量分析。

_____：是在风险分析的基础上，通过相应的指标体系和评价标准，对风险程度进行划分，以揭示影响成败的关键风险因素，包括单因素风险评价和总体风险评价。

_____：IT技术体系中为特定风险制定的应对技术方案，包括云计算、冗余链路、冗余资源、系统弹性伸缩、两地三中心灾备、业务熔断限流等。

（3）_____是指由审计机构和审计人员获取，用于确定所审计实体或数据是否遵循既定标准或目标，形成审计结论的证明材料。

（4）_____是审计证据的载体，是审计人员在审计过程中形成的审计工作记录和获取的资料。它形成于审计过程，也反映整个审计过程。

知识点3　审计流程

审计流程的作用包括：
（1）_____。
（2）_____。
（3）_____。
（4）_____。

知识点4　审计内容

（1）IT审计业务和服务通常分为_____和_____。
（2）IT内部控制审计主要包_____、_____及_____。
（3）_____主要是指根据当前面临的特殊风险或者需求开展的IT审计，审计范围为IT综合审计的某一个或几个部分。

第4章

信息系统管理

知识体系构建

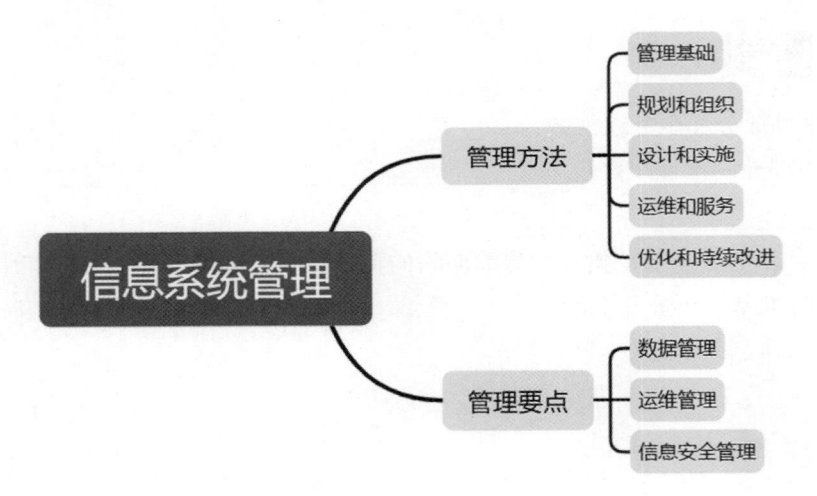

```
                          ┌─ 管理基础
                          ├─ 规划和组织
              ┌─ 管理方法 ─┼─ 设计和实施
              │           ├─ 运维和服务
              │           └─ 优化和持续改进
信息系统管理 ─┤
              │           ┌─ 数据管理
              └─ 管理要点 ─┼─ 运维管理
                          └─ 信息安全管理
```

全新考情点拨

根据考试大纲，本章知识点会涉及单项选择题，按以往全国计算机技术与软件专业技术资格（水平）考试的出题规律，本章知识点约占1~3分。本章内容属于基础知识范畴，考查的知识点既来源于教材，也有少量扩展内容。

第1节　管理方法

知识点1　管理基础

（1）信息系统包括_____、_____、_____和_____四个要素。

（2）信息系统管理覆盖四大领域：

- _____：针对信息系统的整体组织、战略和支持活动。
- _____：针对信息系统解决方案的定义、采购和实施，以及它们与业务流程的整合。
- _____：针对信息系统服务的运行交付和支持，包括安全。
- _____：针对信息系统的性能监控及其与内部性能目标、内部控制目标和外部要求的一致性管理。

知识点2　规划和组织

（1）_____是实现目标、意图和目的的一组协调行动。

（2）信息系统战略三角突出了_____、_____和_____之间的一致性。业务战略是压倒一切的推动组织机制战略和信息系统战略有机融合。

（3）业务战略有三种：

_____：目标成为市场上成本最低的生产者，最大限度地降低成本，从而获得高于平均水平的绩效。

_____：在市场上显得独特的方式，定义其产品或者服务。

_____：在更狭窄的细分市场，并为该组客户对象量身定制其产品。

（4）组织机制战略本质上需要回答"_____"这一问题，并围绕这一问题形成有效的规划。

（5）信息系统战略是组织用来_____的计划。信息系统支撑组织实施其业务战略。业务战略是关于_____（服务对象想要什么，竞争做什么），_____（组织想以什么方式竞争）和_____（公司能做什么）的功能。

知识点3　设计和实施

（1）开展信息系统设计和实施，首先需要将_____转换为_____。

（2）信息系统具有多个级别。

_____：可能侧重于整个组织，并构成整个组织的信息环境。

_____：为跨组织边界的服务对象、供应商或其他利益干系人的沟通交流奠定基础。

_____：是在考虑特定业务应用时，通常重点考虑的数据库和程序组件，以及它们运行的设备和操作环境。

（3）转换框架将业务战略转化为信息系统架构进而转变为信息系统设计，提出了三类问题：_____、_____和_____。

（4）传统上，信息系统体系架构有如下三种常见模式。

_____：适合具有高度集中式治理的组织，维护方便。

_____：比集中式架构更加模块化，可以灵活地添加服务器，组建多中心的组织治理机制。

_____：允许从现有的软件服务组件构建大型功能单元，对于快速构建应用程序非常有用，提供了模块化和组件化设计，易于变更。

知识点4　运维和服务

（1）信息系统的运维和服务由各类管理活动组成，主要包括_____、_____、_____、_____、_____、_____和_____等。

（2）管理信息系统运行的管理控制主要活动包括_____、_____、_____、_____。

（3）IT服务管理是通过主动管理和流程的持续改进来确保IT服务交付有效且高效的一组活动，包括_____、事件管理、_____、变更管理、_____、发布管理、服务级别管理、财务管理、容量管理、_____和_____。

知识点5　优化和持续改进

（1）优化和持续改进是信息系统管理活动中的一个环节，常用的方法为_____，即PDCA循环。PDCA循环是将持续改进分为四个阶段，即_____、_____、_____和_____。

（2）优化和持续改进基于有效的变更管理，使用六西格玛倡导的五阶段方法DMAIC/DMADV，是对PDCA四阶段周期的延伸，包括_____、_____、_____、_____、_____。

（3）度量阶段的目标包括_____、_____、_____和_____。
（4）分析阶段目标包括价值流分析、信息系统异常的源头分析和_____。

第2节　管理要点

知识点1　数据管理

（1）数据管理是指通过规划、控制与提供数据和信息资产的职能，包括_____、_____和_____有关数据的计划、策略、方案、项目、流程、方法和程序，以_____、_____、_____、_____和_____。

（2）_____定义了_____、数据治理、_____、数据应用、数据安全、_____、数据标准和数据生存周期8个核心能力域。

（3）DCMM将组织的管理成熟度划分为5个等级，分别是：_____、_____、_____和_____。

知识点2　运维管理

（1）国家标准《信息技术服务运行维护 第1部分 通用要求》（GB/T 28827.1）定义了IT运维能力模型，该模型包含_____、_____和_____。

（2）能力建设：组织需要考虑环境的内外部因素，在治理要求的指导下，根据服务场景，识别服务能力需求，围绕_____、_____、_____、_____四要素，策划、实施、检查和改进运行维护能力体系，向各种服务场景赋能，通过服务提供实现服务价值。

（3）结合IT运维工作的特点，运维人员一般分为_____、_____和_____三种人员岗位。

知识点3　信息安全管理

（1）CIA三要素。CIA是_____、_____和_____三个词的英文首字母缩写。CIA是系统安全设计的目标。

（2）安全保护等级划分：

第一级，等级保护对象受到破坏后，会对相关公民、法人和其他组织的合法权益_____，但不危害国家安全、社会秩序和公共利益。

第二级，等级保护对象受到破坏后，会对相关公民、法人和其他组织的合法权益产生

_____，或者对社会秩序和公共利益造成_____，但不危害国家安全。

第三级，等级保护对象受到破坏后，会对社会秩序和公共利益造成_____，或者对国家安全造成_____。

第四级，等级保护对象受到破坏后，会对社会秩序和公共利益造成_____，或者对国家安全造成_____。

第五级，等级保护对象受到破坏后，会对国家安全造成_____。

第 5 章
信息系统工程

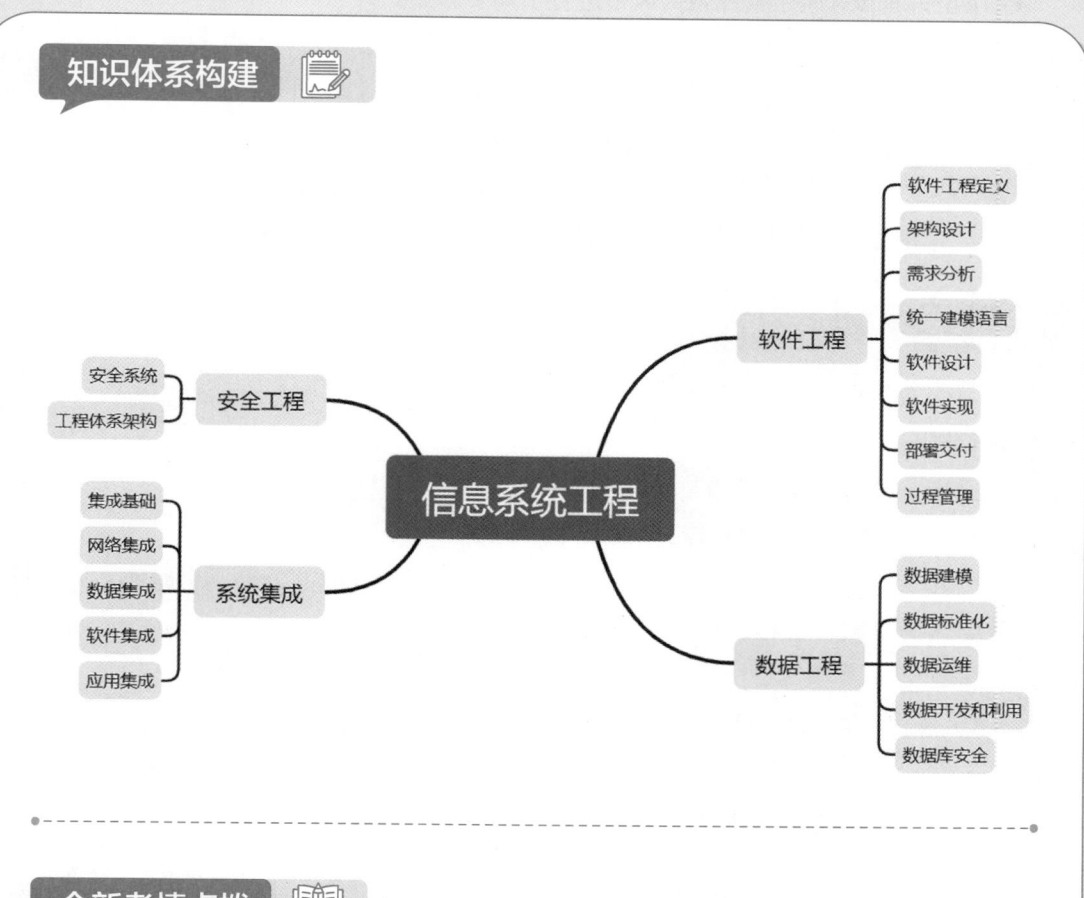

知识体系构建

```
                                            ┌─ 软件工程定义
                                            ├─ 架构设计
                                            ├─ 需求分析
                              ┌─ 软件工程 ───┼─ 统一建模语言
                              │             ├─ 软件设计
           ┌─ 安全系统         │             ├─ 软件实现
  安全工程 ─┤                  │             ├─ 部署交付
           └─ 工程体系架构     │             └─ 过程管理
                              │
           信息系统工程 ───────┤
                              │
           ┌─ 集成基础         │             ┌─ 数据建模
           ├─ 网络集成         │             ├─ 数据标准化
  系统集成 ─┼─ 数据集成         └─ 数据工程 ──┼─ 数据运维
           ├─ 软件集成                       ├─ 数据开发和利用
           └─ 应用集成                       └─ 数据库安全
```

全新考情点拨

根据考试大纲，本章知识点会涉及单项选择题，按以往全国计算机技术与软件专业技术资格（水平）考试的出题规律，本章知识点约占1~5分。本章内容属于基础知识范畴，考查的知识点来源于教材，也有少量扩展内容。

第1节　软件工程

知识点1　软件工程定义

软件工程由_____、_____和_____三个部分组成。

知识点2　架构设计

Garlan和Shaw对通用软件架构风格进行了如下分类。
_____：包括批处理序列和管道-过滤器两种风格。
_____：包括主程序/子程序、数据抽象和面向对象，以及层次结构。
_____：风格包括进程通信和事件驱动的系统。
_____：包括解释器和基于规则的系统。
_____：包括数据库系统、黑板系统和超文本系统。

知识点3　需求分析

（1）软件需求是指用户对新系统在_____、_____、_____、_____等方面的期望。

（2）软件需求是多层次的，包括_____、_____和_____，这三个不同层次从目标到具体，从整体到局部，从概念到细节。

（3）_____是一种将用户要求转化成软件需求的技术，其目的是最大限度地提升软件工作过程中用户的满意度。为了达到这个目标，将软件需求分为三类，分别是_____、_____和_____。

（4）需求过程主要包括_____、_____、_____、_____等。

（5）常见的需求获取方法包括_____、_____、_____、情节串联板、联合需求计划等。

（6）一个好的需求应该具有_____、_____、_____、可测试性、确定性、_____、正确性、必要性等特性，因此，需要分析人员把杂乱无章的用户要求和期望转化为用户需求，这就是需求分析的工作。

（7）使用结构化分析（SA）方法进行需求分析，其建立的模型的核心是_____。围绕这个核心，有三个层次的模型，分别是_____、_____和_____。

（8）OOA的基本任务是运用_____的方法，对问题域进行分析和理解，正确认识其中的事物及它们之间的关系，找出描述问题域和系统功能所需的_____和_____，定义它们的属性和职责，以及它们之间所形成的各种联系。

（9）OOA模型包括_____和_____。

（10）_____是需求开发活动的产物，目的是使项目干系人与开发团队对系统的初始规定有一个共同的理解，使之成为整个开发工作的基础。

（11）在实际工作中，一般通过_____和_____工作来对需求进行验证。

知识点4　统一建模语言

（1）从总体上来看，UML的结构包括_____、_____和_____三个部分。

（2）UML中的事物也称为建模元素，包括_____、_____、_____和_____。这些事物是UML模型中最基本的OO构造块。

（3）UML用关系把事物结合在一起，主要有4种关系，分别为：

_____：是两个事物之间的语义关系，其中一个事物发生变化会影响另一个事物的语义。

_____：描述一组对象之间连接的结构关系。

_____：是一般化和特殊化的关系，描述特殊元素的对象可替换一般元素的对象。

_____：是类之间的语义关系，其中的一个类指定了由另一个类保证执行的契约。

（4）UML 2.0中的图有类图、对象图、构件图、组合结构图、用例图、顺序图、通信图、定时图、状态图、活动图、部署图、制品图、包图和交互概览图。其中：

- _____描述一组类、接口、协作和它们之间的关系。
- _____描述一个封装的类和它的接口、端口，以及由内嵌的构件和连接件构成的内部结构。
- 组合结构图描述_____的内部结构。
- _____描述一组用例、参与者及它们之间的关系。
- 顺序图由一组对象或参与者以及它们之间可能发送的消息构成，强调消息的_____。
- _____强调收发消息的对象或参与者的结构组织。
- 顺序图和_____是同构的，可以互相转化。
- 顺序图、通信图、_____和_____属于交互图。

- _____描述计算机中一个系统的物理结构，包括文件、数据库和类似的物理比特集合。

（5）UML的5个系统视图，用于定义系统架构。

_____：也称为设计视图，它表示了设计模型中在架构方面具有重要意义的部分，即类、子系统、包和用例实现的子集。

_____：是可执行线程和进程作为活动类的建模。

_____：对组成基于系统的物理代码的文件和构件进行建模。

_____：把构件部署到一组物理节点上，表示软件到硬件的映射和分布结构。

_____：是最基本的功能需求分析模型。

知识点5 软件设计

（1）SD是一种面向数据流（也是面向过程）的方法，它以SRS和SA阶段所产生的DFD和数据字典等文档为基础，是一个_____、_____和_____的过程。

（2）在SD中，需要遵循一个基本的原则：_____，_____。

（3）在OOD中，可维护性的复用基于一些设计原则，常见的有：

_____：设计功能单一的类。本原则与结构化方法的高内聚原则是一致的。

_____：对扩展开放，对修改封闭。

_____：子类可以替换父类。

_____：要依赖于抽象，而不是具体实现；要针对接口编程，不要针对实现编程。

_____：使用多个专门的接口比使用单一的总接口要好。

_____：要尽量使用组合，而不是继承关系达到重用目的。

_____：一个对象应当对其他对象有尽可能少的了解。本原则与结构化方法的低耦合原则是一致的。

（4）设计模式可分为_____、_____和_____三种。

知识点6 软件实现

（1）软件配置管理活动包括_____、_____、_____、_____、_____、_____与_____等活动。

（2）软件发布管理和交付通常需要创建特定的交付版本，完成此任务的关键是_____。

（3）_____包括桌前检查、代码走查和代码审查。

（4）_____也称为结构测试，把程序视为透明的白盒，根据内部结构和程序走向来测试。

_____也称为功能测试，把程序视为不透明的黑盒，不考虑内部结构和算法，只检查是否符合SRS要求。

知识点7 部署交付

（1）持续交付是一个_____的过程，当业务开发完成的时候，可以做到_____。

（2）_____是指新旧版本同时部署，通过域名解析切换到新版本，出现问题可以快速切回旧版本；_____是指让少量用户试用新版本并反馈迭代，成熟后所有用户切换到新版本。

知识点8 过程管理

（1）CSMM模型由_____个能力域、_____个能力子域、_____个能力要求组成。

（2）①治理：包括_____、目标管理能力子域，用于确定_____、产品的方向、组织的业务目标，并确保目标的实现。

②开发与交付：包括_____、设计、开发、_____、部署、_____、开源应用能力子域，这些能力子域确保通过软件工程过程交付满足需求的软件，为顾客与利益干系人增加价值。

③_____：包括项目策划、项目监控、项目结项、质量保证、风险管理、配置管理、供应商管理能力子域，这些能力子域覆盖了软件开发项目的全过程，以确保软件项目能够按照既定的成本、进度和质量交付，能够满足顾客与利益干系人的要求。

④组织管理：包括过程管理、_____、组织资源管理、过程能力管理能力子域，对_____进行综合管理。

第2节 数据工程

知识点1 数据建模

（1）数据工程的主要研究内容包括_____、数据标准化、_____、数据开发利用和_____等理论和技术。

（2）根据模型应用目的的不同，可以将数据模型划分为三类：_____、_____和_____。

知识点2 数据标准化

（1）数据标准化是实现数据共享的基础，主要内容包括_____、_____、_____、_____与_____和_____。

（2）数据分类有_____和_____两个要素。

知识点3 数据运维

（1）存储介质是数据存储的载体，类型主要有_____、_____和_____三种。

（2）数据备份：常见的备份策略主要有_____、_____和_____三种。

（3）衡量容灾系统有两个主要指标：_____和_____，其中_____代表了当灾难发生时允许丢失的数据量；而_____则代表了系统恢复的时间。

（4）_____是一个广义的概念，是数据产品满足指标、状态和要求能力的特征总和。

知识点4 数据开发和利用

（1）数据挖掘常见的主要任务包括_____、_____、_____、_____和_____。

（2）数据可视化主要运用_____和_____，将数据转换成为图形或图像在屏幕上显示出来，并能进行交互处理。

知识点5 数据库安全

数据库安全机制包括用户的_____、_____、_____、_____、_____等内容。

第3节 系统集成

知识点1 集成基础

（1）系统集成的内容包括_____的集成、_____的集成和_____的集成。

（2）在技术上需要遵循的基本原则包括：_____、_____、_____、和_____。

知识点2　网络集成

（1）_____是网络的核心，是网络信息的"公路"和"血管"。

（2）网络安全主要关注的内容包括：使用_____技术，防止外部的侵犯；使用_____，防止任何人从通信信道窃取信息。

（3）_____主要通过设置口令、密码和访问权限保护网络资源。

知识点3　数据集成

（1）数据集成是将参与数据库的有关信息在逻辑上集成为一个属于异构分布式数据库的全局概念模式，以达到_____的目的。

（2）数据集成处理的主要对象是系统中各种异构数据库中的数据。_____是数据集成的关键。

（3）数据集成可以分为_____、_____、_____和_____4个层次。

知识点4　软件集成

有代表性的软件构件标准包括_____、_____、_____、_____应用架构等标准。

知识点5　应用集成

（1）从开放系统的观点来看，互操作性指的是能在_____进行有效的信息交换。

（2）可以帮助协调连接各种应用的组件有：_____、_____、_____。

第4节　安全工程

知识点1　安全系统

（1）用一个"宏观"三维空间图来反映信息安全系统的体系架构及其组成。X轴是"_____"，Y轴是"_____"，Z轴是"_____"。

（2）"安全空间"的五大属性是_____、_____、_____、_____和_____。

（3）安全机制包含_____、平台安全、数据安全、_____、应用安全、运行安全、_____、授权和审计安全、_____等。

（4）安全服务包括对等实体认证服务、_____、数据完整性服务、_____、禁止否认服务和犯罪证据提供服务等。

（5）安全技术主要涉及_____、_____、_____、_____、_____、_____等。

知识点2 工程体系架构

（1）_____是一种衡量信息安全系统工程实施能力的方法，是使用面向工程过程的一种方法。

（2）一个有害事件由_____、_____和_____三个部分组成。

第 6 章

项目管理概论

知识体系构建

```
                          ┌─ PMBOK的发展
                          │
                          │                  ┌─ 项目基础
                          │                  ├─ 项目管理的重要性
                          │                  ├─ 项目成功的标准
                          ├─ 项目基本要素 ───┤─ 项目、项目集、项目组合和运营管理之间的关系
                          │                  ├─ 项目内外部运行环境
                          │                  ├─ 组织系统
                          │                  └─ 项目管理和产品管理
  项目管理概论 ──────────┤
                          │                  ┌─ 项目经理的定义
                          ├─ 项目经理的角色 ─┤─ 项目经理的影响力范围
                          │                  └─ 项目经理的能力
                          │
                          │                              ┌─ 项目管理原则
                          │                              ├─ 项目生命周期和项目阶段
                          │                              ├─ 项目管理过程组
                          └─ 价值驱动的项目管理知识体系 ─┤─ 项目管理知识领域
                                                         ├─ 项目绩效域
                                                         └─ 价值交付系统
```

全新考情点拨

  本章知识点会涉及单项选择题、案例题,按以往的出题规律,本章知识点约占 3~4 分。

  本章内容属于基础知识范畴,考查的知识点来源于教材,也有少量扩展内容。

第1节　PMBOK

知识点　PMBOK的发展

（1）项目管理知识体系PMBOK是描述项目管理专业范围的知识体系，包含了对项目管理所需的_____、_____和_____的描述。

（2）在PMBOK指南的发展过程中，1996年的第1版定位为指南，名为_____。

（3）PMBOK6首次将_____内容纳入正文，增加新实践、裁剪和敏捷考虑因素。

（4）PMBOK7增加了8个_____，增加12个_____，并体现了各种开发方法，如_____、_____、_____。

（5）_____强调过程的输出是为了实现项目的成果，而实现项目的成果的最终目标是将价值交付给_____。

第2节　项目基本要素

知识点1　项目基础

项目的概念

（1）项目是为提供一项独特的_____、服务或_____所做的_____工作。

（2）_____可能是有形的，也可能是无形的。

（3）项目的"临时性"是指项目有明确的_____和_____，"临时性"并不一定意味着项目的_____短。

（4）项目驱动变更，从_____角度看，项目旨在推动组织从一个状态转到另一个状态，从而达成特定目标，获得更高的业务价值。

知识点2　项目管理的重要性

项目管理的概念及理解

（1）项目管理就是将_____、_____、工具与技术应用于项目活动，以满足项目的要求。

（2）项目管理不善或缺失的后果：项目超过时限、＿＿＿＿＿＿＿＿、项目质量低劣、返工、＿＿＿＿＿＿＿＿、组织声誉受损、＿＿＿＿＿＿＿＿、无法达成目标等。

（3）＿＿＿＿＿＿＿＿是组织创造价值和效益的主要方式。

知识点3 项目成功的标准

（1）＿＿＿＿＿＿、成本、＿＿＿＿＿＿和＿＿＿＿＿＿等项目管理测量指标历来被视为确定项目是否成功的最重要的因素。

（2）明确记录项目目标并选择＿＿＿＿＿＿＿的目标是项目成功的关键。

（3）主要干系人和项目经理应思考三个问题：怎样才算项目成功、＿＿＿＿＿＿＿＿＿＿、＿＿＿＿＿＿＿＿＿＿。

知识点4 项目、项目集、项目组合和运营管理之间的关系

1. 概念

（1）一个项目可以采用三种不同的模式进行管理：＿＿＿＿＿＿＿＿、在项目集内、＿＿＿＿＿＿＿＿。

（2）＿＿＿＿＿＿＿＿是一组相互关联且被协调管理的项目、子项目集和项目集活动，目的是获得分别管理所无法获得的利益。

（3）＿＿＿＿＿＿＿＿是指为实现战略目标而组合在一起管理的项目、项目集、子项目组合和运营工作。

（4）从组织的角度看，＿＿＿＿＿＿＿＿＿＿＿＿＿管理的重点在于以"正确"的方式开展项目集和项目，即"正确地做事"，而项目组合管理则注重于开展"正确"的项目集和项目，即"＿＿＿＿＿＿＿＿＿＿"。

2. 项目集管理

项目集管理注重项目集组成部分之间的＿＿＿＿＿＿＿＿＿＿，以确定管理这些项目的最佳方法。

3. 项目组合管理

要实现项目组合价值的最大化，需要精心检查项目组合的各个组成部分。确定它们的＿＿＿＿＿＿＿＿＿＿，使最有利于组织＿＿＿＿＿＿＿＿的部分拥有所需的财力、人力和实物资源。

4. 运营管理

运营管理□属于□不属于项目管理范围（在□中勾选正确选项）。

知识点5　项目内外部运行环境

事业环境因素和组织过程资产

（1）项目在内部和外部环境中存在和运作，这些环境对价值交付有不同程度的影响，影响两大主要来源为_____和_____。

（2）组织过程资产分为5类：_____、_____、_____、_____、_____。

知识点6　组织系统

1. 治理框架、管理要素

（1）组织内多种因素的交互影响创造出一个独特的组织系统，该组织系统会影响项目的运行，并决定了组织系统内部人员的权力、影响力、利益、能力等，包括_____、管理要素和_____。

（2）_____是组织内部关键职能部门或一般管理原则的组成部分。

2. 组织结构类型、PMO

（1）_____（PMO）是项目管理中常见的一种组织结构，它对与项目相关的治理过程进行标准化，并促进资源、方法论、工具和技术共享。

（2）PMO有几种不同的类型，它们对项目的控制和影响程度各不相同，主要有_____型、_____型和_____型。

知识点7　项目管理和产品管理

（1）产品是指可量化生产的工件（包括服务及其组件）。产品既可以是最终制品，也可以是_____。

（2）_____是指一个产品从引入、成长、成熟到衰退的整个演变过程的一系列阶段。

第3节　项目经理的角色

知识点1　项目经理的定义

项目经理是指由执行组织委派，领导团队实现_____的个人。

知识点2 项目经理的影响力范围

（1）项目经理会涉及_____、_____、_____、_____、和跨领域范围内的角色。

（2）项目经理的主要影响力体现在以下几方面：

_____；

_____；

_____；

_____；

_____；

知识点3 项目经理的能力

（1）项目经理需要重点关注的三个方面的关键技能包括_____、_____、_____。

（2）项目经理可以采用多种领导力风格，包括：_____型、_____型、_____型、_____型、_____型、_____型。

第4节 价值驱动的项目管理知识体系

知识点1 项目管理原则

（1）项目管理原则具体包括：_____、_____、_____、_____、_____、_____、_____、_____、_____、_____、_____、_____。

（2）营造协作的项目团队环境涉及_____、组织结构和_____等方面的因素。

（3）项目管理原则"聚焦于价值"强调_____是项目的最终成功指标和驱动因素。

（4）可通过商业论证的方式，从定性或定量方面说明项目成果的预期价值。商业论证包含_____、项目理由和_____等要素。

（5）"识别、评估和响应系统交互"原则要求从整体角度识别、评估和相应项目的

_____环境。

（6）"驾驭复杂性"原则中指出项目团队无法预见复杂性的出现，常见的复杂性来源有：_____、_____、_____、_____。

（7）"拥抱适应性和韧性"原则中，_____是接受冲击的能力和从挫折或失败中快速恢复的能力，_____是应对不断的变化的能力。

知识点2 项目生命周期和项目阶段

1. 项目生命周期和项目阶段介绍

（1）项目生命周期指项目从启动到完成所经历的一系列阶段，这些阶段之间的关系可以_____、迭代或_____进行。它为_____提供了一个基本框架。

（2）项目生命周期适用于_____类型的项目。

（3）所有项目都呈现出包含_____、_____、_____和_____4个项目阶段的通用的生命周期结构。

（4）通用的生命周期结构，成本与人力投入水平在开始时较低，在工作执行期间达到_____。

（5）风险与不确定性在项目开始时_____，做出变更和纠正错误的成本随着项目越来越接近完成而显著_____。

2. 生命周期的类型

（1）预测型生命周期又称为_____，高度预测型项目范围_____很少、干系人之间有高度共识。

（2）高度预测型项目会受益于前期的详细规划，但如遇增加范围、需求变化或市场变化则会导致某些阶段_____。

（3）_____型生命周期的项目范围通常在项目生命周期的早期确定，但时间及成本会随着项目团队对产品理解的不断深入而定期修改。

（4）采用_____型生命周期的项目通过在预定的时间区间内渐进增加产品功能的一系列迭代来产出可交付成果。只有在最后一次迭代之后，可交付成果具有了必要和足够的能力，才能被视为完整的。

（5）增量型开发方法和迭代型开发方法的区别：_____型开发方法是通过一系列重复的循环活动来开发产品，而_____型开发方法是渐进地增加产品的功能。

（6）适应型又称为_____型或_____型。

（7）混合型生命周期是_____型生命周期和_____型生命周期的组合。

知识点3　项目管理过程组

（1）项目管理分为五大过程组_____、_____、_____、_____、_____。

（2）_____过程组正式完成或结束项目、阶段或合同。

（3）_____过程组跟踪、审查和调整项目进展与绩效，识别变更并启动相应的变更。

（4）_____过程组完成项目管理计划中确定的工作，以满足项目要求。

（5）_____过程组明确项目范围、优化目标，并为实现目标制订行动计划。

（6）_____是为了达成项目的特定目标，对项目管理过程进行的逻辑上的分组。

（7）_____是项目从开始到结束所经历的一系列阶段，是一组具有逻辑关系的项目活动的集合，通常以一个或多个可交付成果的完成为结束的标志。

知识点4　项目管理知识领域

（1）项目管理十大知识领域包含：_____、_____、_____、_____、_____、_____、_____、_____、_____、_____。

（2）识别影响或受项目影响的人员、团队或组织，分析干系人对项目的期望和影响，制定合适的管理策略来有效调动干系人参与项目决策和执行，描述的是_____管理知识领域。

（3）项目团队外部采购或获取所需产品、服务或成果，描述的是_____管理知识领域。

（4）_____管理知识领域的主要工作是规划风险管理、识别风险、开展风险分析、规划风险应对、实施风险应对和监督风险。

（5）_____管理知识领域确保项目信息及时且恰当地规划、收集、生成、发布、存储、检索、管理、控制、监督和最终处置。

（6）_____管理知识领域，主要识别、获取和管理所需资源以成功完成项目。

（7）项目在批准的预算内完成而对成本进行规划、估算、预算、融资、筹资、管理和控制，以上描述的是_____管理知识领域。

（8）确保项目做且只做所需的全部工作以成功完成项目，描述的是_____管理知识领域。

知识点5　项目绩效域

（1）项目绩效域是一组对有效地交付＿＿＿＿＿＿至关重要的活动。

（2）项目绩效域是项目执行过程中需要密切关注的相互作用、相互关联和相互依赖的领域，它们可以协调一致地实现预期的项目成果，共有八个项目绩效域：＿＿＿＿＿＿、＿＿＿＿＿＿、＿＿＿＿＿＿、＿＿＿＿＿＿、＿＿＿＿＿＿、＿＿＿＿＿＿、＿＿＿＿＿＿、＿＿＿＿＿＿，它们共同构成了一个统一的整体。

知识点6　价值交付系统

（1）价值交付系统描述了项目如何在系统内运作，为组织及其干系人创造价值，包括＿＿＿＿＿＿、＿＿＿＿＿＿和＿＿＿＿＿＿。

（2）项目为＿＿＿＿＿＿创造价值。

（3）价值交付系统是＿＿＿＿＿＿的一部分，该环境受政策、程序、方法论、框架、治理结构等制约。

（4）价值交付系统中的组件创建了用于产出＿＿＿＿＿＿的可交付物，＿＿＿＿＿＿可带来收益，收益继而可创造＿＿＿＿＿＿。

（5）当＿＿＿＿＿＿和＿＿＿＿＿＿在所有价值交付组件之间以一致的方式共享时，价值交付系统最为有效。

第7章
项目立项管理

知识体系构建

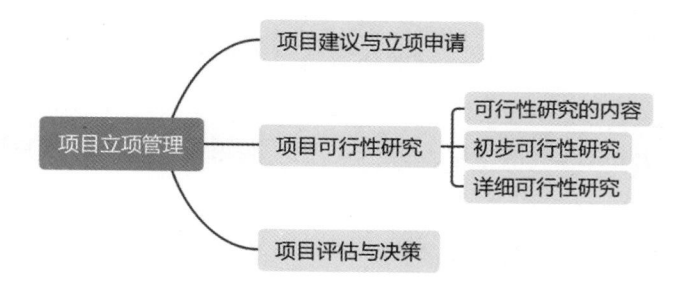

```
                        ┌── 项目建议与立项申请
                        │
                        │                    ┌── 可行性研究的内容
项目立项管理 ───────────┼── 项目可行性研究 ──┼── 初步可行性研究
                        │                    └── 详细可行性研究
                        │
                        └── 项目评估与决策
```

全新考情点拨

本章知识点会涉及单项选择题，按以往的出题规律，本章知识点约占3分。

本章内容属于基础知识范畴，考查项目建议书、可行性研究报告、项目评估与论证的相关内容。

第1节　项目建议与立项申请

知识点1　基础知识

（1）项目立项管理一般包括_____、_____、_____。

（2）项目投资前期的4个阶段分别是_____、_____、_____、_____。

（3）初步可行性研究和详细可行性研究可以依据项目的规模和繁简程度合二为一，但_____是不可缺少的。

知识点2　立项申请概念

（1）立项申请，又称为_____，是项目建设单位向上级主管部门提交项目申请时所必需的文件。

（2）项目建议书是项目发展周期的初始阶段产物，是国家或上级主管部门选择项目的依据，也是_____的依据。

（3）涉及利用外资的项目，在_____获得批准后，方可开展后续工作。

知识点3　项目建议书的内容

（1）项目建议书应该包括的核心内容有：_____、_____、_____、_____。

第2节　项目可行性研究

知识点1　可行性研究的内容

（1）可行性研究的内容可归纳为5个方面：_____、_____、_____、_____、_____。

（2）技术可行性分析一般应当考虑的因素包括：_____、_____、_____、_____。

（3）经济可行性分析主要是对整个项目的投资及所产生的_____进行分析，具体包括_____、_____、_____、_____以及敏感性分析等。

（4）信息系统项目的支出可以分为一次性支出和非一次性支出两类，开发费、培训费和差旅费属于_____，软硬件租金、人员工资及福利、水电等公用设施使用费属于_____。

（5）信息系统项目收益包括_____、_____以及_____的收益等。

知识点2　初步可行性研究

（1）_____包括项目的一个或几个方面，但不是所有方面，并且只能作为初步可行性研究、详细可行性研究和大规模投资建议的前提或辅助。

（2）初步可行性研究的主要内容包括：_____、_____、_____、_____、_____。

知识点3　详细可行性研究

（1）_____是进行项目评估和决策的依据。

（2）详细可行性研究的原则有_____、_____、_____。

（3）将有项目时的成本（效益）与无项目时的成本（效益）进行比较，求得两者差额就是增量成本（效益），这种方法称为_____法，也叫_____法。

第3节　项目评估与决策

（1）项目评估是指在项目可行性研究的基础上，由_____对拟建项目建设的必要性、建设条件、生产条件、市场需求、工程技术、经济效益和社会效益等进行评价、分析和论证，进而判断其是否可行的一个评估过程。

（2）项目评估工作的一般程序依次为：_____、_____、_____、_____、_____。

（3）项目评估报告大纲应包括_____、_____、总结和建议等内容。

（4）项目评估目的是审查项目可行性研究的可靠性、_____性和_____性。

第 8 章
项目整合管理

知识体系构建

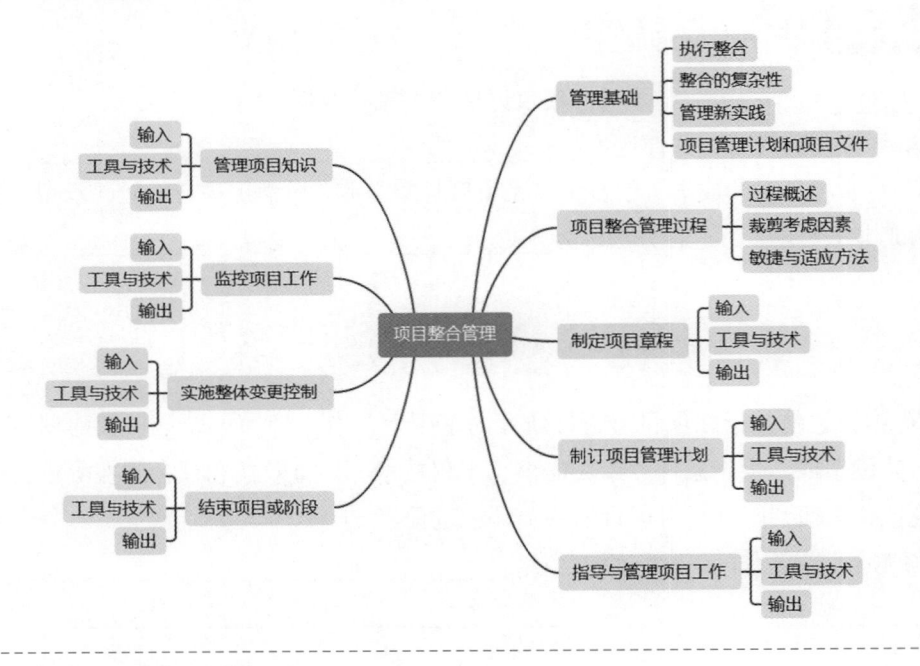

- 项目整合管理
  - 管理项目知识
    - 输入
    - 工具与技术
    - 输出
  - 监控项目工作
    - 输入
    - 工具与技术
    - 输出
  - 实施整体变更控制
    - 输入
    - 工具与技术
    - 输出
  - 结束项目或阶段
    - 输入
    - 工具与技术
    - 输出
  - 管理基础
    - 执行整合
    - 整合的复杂性
    - 管理新实践
    - 项目管理计划和项目文件
  - 项目整合管理过程
    - 过程概述
    - 裁剪考虑因素
    - 敏捷与适应方法
  - 制定项目章程
    - 输入
    - 工具与技术
    - 输出
  - 制订项目管理计划
    - 输入
    - 工具与技术
    - 输出
  - 指导与管理项目工作
    - 输入
    - 工具与技术
    - 输出

全新考情点拨

　　本章知识点会涉及单项选择题、案例分析题、论文写作题,其中选择题约占 2~4 分。

　　案例分析题属于常考重点考点,论文题也是常规出题类型之一。

第1节　管理基础

知识点1　执行整合

（1）项目整合管理由_____负责，项目经理负责整合所有其他知识领域的成果，并掌握项目总体情况。

（2）项目整合管理的责任不能被授权或转移，_____必须对整个项目承担最终责任。

（3）项目整合管理应该在_____层面、_____层面和_____层面上执行整合。

知识点2　整合的复杂性

（1）项目的复杂性来源于_____、_____以及_____。

（2）复杂性是项目的一种特征或属性，其含义有：_____、_____、_____、_____。

知识点3　管理新实践

整合管理的新趋势和新实践包括：_____、_____、_____、_____、_____。

知识点4　项目管理计划和项目文件

（1）项目管理过程中，会使用并产生两大类文件：一是_____，二是_____。

（2）项目管理计划包含：_____、_____、_____、_____、_____、_____、_____、_____、_____、_____、_____、_____、_____、_____、_____、_____。

第2节　项目整合管理过程

知识点1　过程概述、裁剪考虑因素、敏捷与适应方法

（1）项目整合管理包括的过程有：_____、_____、_____、_____、_____、_____、_____。

（2）项目经理可能根据需要裁剪整合管理过程的因素有：_____、_____、管理方法、_____、变更、_____、经验教训、_____。

（3）在敏捷或适应型环境中，采用敏捷或适应型方法能够帮助项目经理将_____下放。

第3节　制定项目章程

知识点1　基础知识

（1）制定项目章程是编写一份正式_____并_____项目经理在项目活动中使用组织资源的文件的过程。

（2）制定项目章程管理过程的主要作用包括3个方面：_____、_____、_____。

（3）项目章程在_____和_____之间建立了联系。

（4）通过编制项目章程来确认项目是否符合_____和日常运营的需要。

（5）应在规划开始之前任命项目经理，项目经理越早确认并任命越好，最好在_____时就任命。

（6）项目章程一旦被批准，就标志着项目的_____。

（7）项目由_____来启动。

知识点2　输入、工具与技术、输出

（1）制定项目章程过程的主要输入有_____、_____、事业环境因素和_____。

（2）立项管理文件是用于制定项目章程的依据，一般包括_____、_____、_____。

（3）协议有多种形式，包括_____、_____（MOUs）、_____（SLA）、协议书、意向书、口头协议或其他书面协议。

（4）为外部客户做项目时，通常需要签订_____。

（5）项目章程记录了关于项目和项目预期交付的产品、_____或_____的高层级信息。

（6）项目章程的内容主要包括：_____、
_____、_____、
_____、_____、
_____、_____、
_____、_____、
_____、_____、
_____。

（7）本过程输出的假设日志用于记录整个项目生命周期中的所有_____和_____。

第4节　制订项目管理计划

知识点1　基础知识

（1）制订项目管理计划是定义、准备和协调项目计划的_____部分，并把它们整合为一份综合项目管理计划的过程。

（2）本过程的主要作用是生成一份_____，用于确定所有项目工作的基础及其执行方式。

（3）项目管理计划确定项目的_____、_____和收尾方式，其内容会根据项目所在的应用领域和复杂程度的不同而不同。

（4）项目管理计划可以是概括的或_____的，每个组成部分的详细程度取决于具体项目的要求。

（5）项目管理计划应基准化，即至少应规定项目的_____、_____和_____方面的基准，以便据此考核项目执行情况和管理项目绩效。

知识点2　输入

制订项目管理计划过程的输入有：_____、_____、_____、_____。

知识点3　工具与技术

（1）制订项目管理计划的工具与技术包括：＿＿＿＿＿＿＿＿、＿＿＿＿＿＿＿＿、人际关系与团队技能、会议。

（2）＿＿＿＿＿＿＿＿是一种结构化的数据收集工具，通常列出特定组成部分，用来核实所要求的一系列步骤是否已得到执行或检查需求列表是否已得到满足。

知识点4　输出

（1）项目管理计划是说明项目执行、监控和收尾方式的一份文件，它整合并综合了所有知识领域的＿＿＿＿＿＿和＿＿＿＿＿＿，以及管理项目所需的其他＿＿＿＿＿＿。

（2）项目管理计划的子管理计划包括＿＿＿＿＿＿、＿＿＿＿＿＿、＿＿＿＿＿＿、＿＿＿＿＿＿、＿＿＿＿＿＿、＿＿＿＿＿＿、＿＿＿＿＿＿、＿＿＿＿＿＿、＿＿＿＿＿＿。

（3）项目管理计划的基准组件中包括＿＿＿＿＿＿、＿＿＿＿＿＿、＿＿＿＿＿＿。

（4）项目管理计划的其他组件中通常包括＿＿＿＿＿＿、＿＿＿＿＿＿、＿＿＿＿＿＿、＿＿＿＿＿＿、＿＿＿＿＿＿、＿＿＿＿＿＿和管理审查。

第5节　指导与管理项目工作

知识点1　基础知识

指导与管理项目工作是为实现项目目标而领导和执行项目管理计划中所确定的工作，并实施＿＿＿＿＿＿的过程。

知识点2　输入

指导与管理项目工作过程的主要输入有：＿＿＿＿＿＿、＿＿＿＿＿＿、项目文件、事业环境因素、组织过程资产。

知识点3　输出

（1）指导与管理项目工作过程的主要输出有：＿＿＿＿＿＿、＿＿＿＿＿＿、问题日志、＿＿＿＿＿＿、项目管理计划更新、项目文件更新、组织过程资产更新。

（2）＿＿＿＿＿＿是关于修改文件、可交付成果或基准的正式提议。

第6节　管理项目知识

知识点　基础知识、输入、工具与技术、输出

（1）管理项目知识过程的主要输入有：＿＿＿＿＿＿、项目文件、＿＿＿＿＿＿、事业环境因素、组织过程资产。

（2）项目管理计划中的＿＿＿＿＿＿组件可以应用于管理项目知识过程。

（3）管理项目知识过程的主要工具与技术有：专家判断、＿＿＿＿＿＿、＿＿＿＿＿＿、人际关系与团队技能。

（4）管理项目知识过程的主要输出有：＿＿＿＿＿＿、项目管理计划更新、＿＿＿＿＿＿。

第7节　监控项目工作

知识点　基础知识、输入、工具与技术、输出

（1）监控项目工作过程需要用到项目管理计划中的＿＿＿＿＿＿组件。

（2）监控项目工作过程的输出有：＿＿＿＿＿＿、＿＿＿＿＿＿、项目管理计划更新、项目文件更新。

（3）工作绩效报告的内容一般包括＿＿＿＿报告和＿＿＿＿报告。

（4）作绩效报告可以表示为引起关注、制定决策和采取行动的＿＿＿＿＿＿、＿＿＿＿＿＿、＿＿＿＿＿＿或其他形式。

第8节　实施整体变更控制

知识点　基础知识、输入、工具与技术、输出

（1）实施整体变更控制过程贯穿项目始终，＿＿＿＿＿＿对此承担最终责任。

（2）每项记录在案的变更请求都必须由＿＿＿＿位责任人批准、推迟或否决，这个责任人通常是＿＿＿＿＿＿或＿＿＿＿＿＿。

（3）实施整体变更控制过程的输入有：＿＿＿＿＿＿、项目文件、＿＿＿＿＿＿、

_____、事业环境因素、组织过程资产。

（4）实施整体变更控制过程的输出有：_____、_____、_____。

第9节　结束项目或阶段

知识点1　基础知识

（1）结束项目或阶段是终结项目、阶段或合同的所有活动的过程。本过程的主要作用是存档项目或阶段信息，完成计划的工作，释放_____以展开新的工作。

（2）在结束项目时，项目经理需要回顾_____，确保所有项目工作都已完成以及项目目标均已实现。

知识点2　输入

结束项目或阶段的主要输入有：_____、_____、项目文件、_____、_____、协议、_____、组织过程资产。

知识点3　输出

结束项目或阶段的主要输出有：项目文件更新、_____、_____、_____、_____。

第 9 章 项目范围管理

知识体系构建

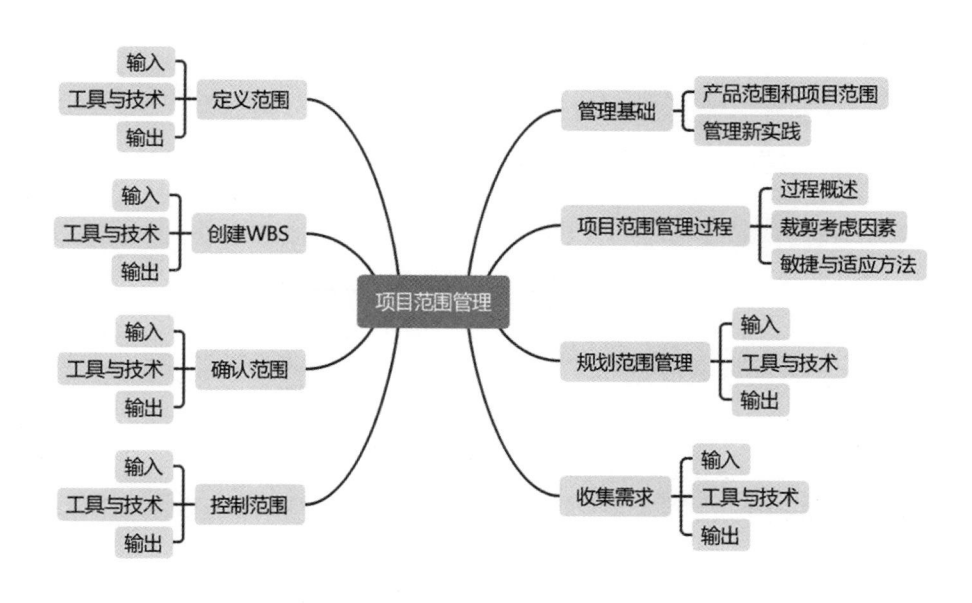

- 定义范围
  - 输入
  - 工具与技术
  - 输出
- 创建WBS
  - 输入
  - 工具与技术
  - 输出
- 确认范围
  - 输入
  - 工具与技术
  - 输出
- 控制范围
  - 输入
  - 工具与技术
  - 输出

项目范围管理

- 管理基础
  - 产品范围和项目范围
  - 管理新实践
- 项目范围管理过程
  - 过程概述
  - 裁剪考虑因素
  - 敏捷与适应方法
- 规划范围管理
  - 输入
  - 工具与技术
  - 输出
- 收集需求
  - 输入
  - 工具与技术
  - 输出

全新考情点拨

本章知识点会涉及单项选择题、案例分析题、论文写作题,选择题约占3分。案例分析题属于常考重点考点,论文也是常规出题类型之一。

第1节　管理基础

知识点1　产品范围和项目范围、管理新实践

（1）在项目环境中，"范围"这一术语有两种含义，包含_____范围和_____范围。

（2）项目范围管理的新趋势和新实践更加注重与商业分析师一起合作，以便实现：
_____、
_____、
_____、
_____。

第2节　项目范围管理过程

知识点　过程概述、裁剪考虑因素、敏捷与适应方法

（1）项目范围管理过程包括的内容有：_____、_____、_____、_____、_____。

（2）裁剪需要考虑的因素有：_____、_____、开发方法、_____、治理。

（3）敏捷或适应型方法特意在项目早期缩短定义和协商范围的时间，为后续_____、_____争取更多的时间。

（4）采用敏捷或适应型生命周期，在每次迭代中，都会重复开展三个过程：_____、_____、_____。

（5）在适应型或敏捷型生命周期中，在每次迭代中，都会重复开展两个过程：_____、_____。

（6）在预测型项目中，_____、_____和相应的_____构成项目范围基准。

第3节　规划范围管理

知识点1　基础知识

（1）规划范围管理是为记录如何定义、确认和控制_____范围及_____范围而创建范围管理计划的过程。

（2）规划范围管理过程的主要作用是在整个项目期间对如何_____提供指南和方向。

知识点2　输入

（1）规划范围管理过程的主要输入有：_____、_____、_____、_____。

（2）规划范围管理过程使用的项目管理计划组件主要包括_____、_____、_____。

知识点3　输出

（1）规划范围管理过程的输出是：_____、_____。

（2）规划范围管理过程的输出中，_____是项目管理计划的组成部分，描述将如何定义、制定、监督、控制和确认项目范围。

（3）规划范围管理过程的输出中，_____是项目管理计划的组成部分，描述将如何分析、记录和管理项目和产品需求。

第4节　收集需求

知识点1　基础知识

（1）收集需求是为实现目标而确定、记录并管理_____的需要和需求的过程。

（2）收集需求过程的主要作用是为定义_____和_____奠定基础。

（3）需求是指根据特定协议或其他强制性规范，产品、服务或成果必须具备的条件或能力，包括发起人、客户和其他干系人的_____且_____的需要和期望。

（4）应详细地挖掘、分析和记录各干系人需求，并将其包含在_____中，在项目执行开始后对其进行测量。

知识点2　输入

（1）收集需求过程使用的项目管理计划组件主要包括：_____、_____、_____、_____等。

（2）可用作收集需求过程输入的项目文件主要包括_____、经验教训登记册和_____等。

知识点3　工具与技术

（1）可用于收集需求过程的数据收集技术主要包括_____、访谈、_____、问卷调查、_____等。

（2）_____是将实际或计划的产品、过程和实践与其他可比组织的实践进行比较，以便识别最佳实践。

（3）在收集需求过程中，由一个人负责为整个集体制定决策，这种决策方法被称为_____。

（4）在收集需求过程中，_____技术是指借助决策矩阵，用系统分析方法建立诸如风险水平、不确定性和价值收益等多种标准，以对众多创意进行评估和排序。

（5）可用于收集需求过程的数据表现技术主要包括_____和_____等。

（6）可用于收集需求过程的人际关系与团队技能主要包括_____、_____、引导等。

（7）观察也称为"工作跟随"，通常由"_____"观察业务专家如何执行工作，但也可以由"_____"来观察，即通过实际执行一个流程或程序，来体验该流程或程序是如何实施的，以便挖掘隐藏的需求。

（8）_____是对产品范围的可视化描绘，可以直观地显示业务系统及其与人和其他系统之间的交互方式。

（9）_____是指在实际制造预期产品之前，先造出该产品的模型，并据此征求对需求的早期反馈。

（10）_____是一种原型技术，通过一系列的图像或图示来展示顺序或导航路径，如在软件开发中，使用实体模型来展示网页、屏幕或其他用户界面的导航路径。

知识点4　输出

（1）收集需求过程的主要输出有_____和_____。

（2）需求文件描述各种_____将如何满足项目相关的_____。一开始可能只有_____的需求，然后随着有关需求信息的增加而逐步细化。

（3）需求文件中，只有明确的（可测量和可测试的）、可跟踪的、完整的、_____的，且_____愿意认可的需求，才能作为基准。

（4）需求的类别包括：_____、_____、_____、_____、_____、_____。

（5）_____是把产品需求从其来源连接到能满足需求的可交付成果的一种表格。

（6）需求跟踪矩阵中记录的典型属性包括：_____、需求的文字描述、_____、所有者、来源、_____、版本、当前状态和状态日期。

第5节　定义范围

知识点1　基础知识

（1）定义范围是制定_____详细描述的过程。的需要和需求的过程。

（2）定义范围过程的主要作用是描述产品、服务或成果的_____和_____。

（3）由于在收集需求过程中识别出的所有需求未必都包含在项目中，所以定义范围过程需要从_____中选取最终的项目需求。

（4）应根据项目启动过程中记载的_____、假设条件和_____来编制详细的项目范围说明书。

知识点2　输入

定义范围的主要输入有：_____、项目文件（_____、_____和_____）、事业环境因素、_____。

知识点3　输出

（1）定义范围过程的输出主要有：_____和项目文件更新。

（2）项目范围说明书记录了整个范围（包括_____范围和_____范围），详细描述了项目的_____，代表项目干系人之间就_____所达成的共识。

（3）详细的项目范围说明书内容包括：_____、_____、_____、_____。

第6节　创建WBS

知识点1　基础知识

（1）创建WBS是把_____和_____分解为较小的、更易于管理的组件的过程。

（2）WBS是对项目团队为实现项目目标、创建所需可交付成果而需要实施的全部_____的层级分解。

（3）WBS 组织并定义了项目的总范围，代表着经批准的当前_____中所规定的工作。

（4）WBS 底层的组成部分称为_____。

知识点2　输入

创建WBS过程的输入主要有：_____、_____、事业环境因素、组织过程资产。

知识点3　工具与技术

（1）创建WBS过程使用的工具与技术有_____和_____。

（2）创建WBS常用的方法包括：_____、使用组织特定的指南、_____。

（3）_____的方法可用于归并较低层次组件。

（4）把整个项目工作分解为工作包需要开展5项活动：_____、_____、_____、_____、_____。

（5）WBS结构可以有两种形式，一种是以项目生命周期各阶段作为分解的第二层，_____放在第三层，另一种是以_____作为分解的第二层。

（6）_____是一种迭代式规划，要在未来远期才完成的可交付成果或组件，当前可能无法分解。因而项目管理团队通常需要等待对该可交付成果或组成部分达成一致意见，才能够制定出WBS中的相应细节。

（7）创建WBS的分解过程需要注意：_____、
_____、_____、
_____、_____、
_____。

知识点4 输出

（1）创建WBS过程的输出包括_____和项目文件更新。

（2）范围基准是项目管理计划的组成部分，包括_____、_____、
_____、_____和_____等。

（3）规划包是一种低于_____而高于_____的工作分解结构组件，
_____已知，但详细的进度活动未知。

（4）一个控制账户可以包含_____个规划包。

第7节 确认范围

知识点1 基础知识

（1）确认范围的一般步骤是：
_____;
_____;
_____;
_____;
_____。

（2）确认范围过程与控制质量过程的不同之处在于，前者关注可交付成果的
_____，而后者关注可交付成果的_____及是否满足_____要求。

知识点2 输入

（1）确认范围过程的主要输入有：项目管理计划、项目文件、_____、
_____。

（2）核实的可交付成果是指已经完成，并被_____检查为正确的可交付
成果。

知识点3 输出

确认范围过程的主要输出有：_____、_____、_____、项目文件更新。

第8节 控制范围

知识点1 输入

（1）控制范围过程使用的项目管理计划组件主要包括：_____、需求管理计划、_____、配置管理计划、_____和绩效测量基准等。

（2）控制范围过程的主要输入有：项目管理计划、项目文件、_____、组织过程资产。

知识点2 工具与技术

可用于控制范围过程的数据分析技术主要包括：_____、_____。

知识点3 输出

控制范围过程的主要输出有：_____、_____、_____、_____。

第 10 章
项目进度管理

知识体系构建

```
                    输入
              工具与技术 ── 排列活动顺序                        管理基础 ── 项目进度计划的定义和总要求
                    输出                                              └─ 管理新实践

                    输入                                                    ┌─ 过程概述
              工具与技术 ── 估算活动持续时间                  项目进度管理过程 ── 裁剪考虑因素
                    输出                                                    └─ 敏捷与适应方法
                                        项目进度管理
                    输入                                                    输入
              工具与技术 ── 制订进度计划                      规划进度管理 ── 工具与技术
                    输出                                                    输出

                    输入                                                    输入
              工具与技术 ── 控制进度                           定义活动 ── 工具与技术
                    输出                                                    输出
```

全新考情点拨

　　本章知识点会涉及单项选择题、案例题、论文题，选择题约占3分，计算题必出。
　　本章重要知识点有：网络图、自由时差、总时差、缩短工期的方法、类比估算、参数估算、确定和整合依赖关系、关键路径法、资源优化技术、进度压缩技术、三点估算和项目进度管理过程输入、工具与技术及输出。

第1节　管理基础

知识点1　基础知识

项目进度管理是为了保证项目按时完成，对项目所需的各个过程进行管理，包括_____、_____、_____、_____、_____和_____。

知识点2　项目进度计划的定义和总要求

（1）项目进度计划提供了项目的详尽计划，说明项目如何以及何时交付项目范围中定义的_____，是一种用于沟通和管理_____的工具，为绩效报告提供依据。

（2）项目管理团队编制进度计划的一般步骤为：

_____；

_____；

_____。

知识点3　管理新实践

按需进行的进度计划方法不依赖于预先定义好的进度计划，该方法适用于具有如下特征的项目：

_____；

_____；

_____。

第2节　项目进度管理过程

知识点1　过程概述、裁剪考虑因素、敏捷与适应方法

（1）项目进度管理过程包括：_____、_____、_____、_____、_____。

（2）裁剪需考虑的因素：_____、_____、_____。

第3节　规划进度管理

知识点1　基础知识

（1）规划进度管理是为规划、编制、管理、执行和控制_____而制定政策、程序和文档的过程。

（2）规划进度管理过程的主要作用是为如何在_____期间管理项目进度提供指南和方向。

知识点2　输入、工具与技术、输出

（1）规划进度管理过程使用的项目管理计划组件主要包括_____和_____等。

（2）_____有助于定义进度计划方法、估算技术、进度计划编制工具以及用来控制进度的技术。

（3）进度管理计划的内容一般包括_____、进度计划的发布和迭代长度、_____、计量单位、_____、项目进度模型维护、_____、_____和报告格式等。

（4）绩效测量规则需要规定用于绩效测量的_____（EVM）规则或其他规则。

第4节　定义活动

知识点1　基础知识

（1）定义活动是识别和记录为完成项目可交付成果而须_____的过程。

（2）定义活动过程的主要作用是将_____分解为进度活动，作为对项目工作进行进度估算、规划、执行、监督和控制的基础。

知识点2　输入

定义活动过程使用的项目管理计划组件主要包括_____和_____。

知识点3　工具与技术

定义活动过程的工具与技术主要有：专家判断、_____、_____和会议。

知识点4　输出

（1）定义活动过程的输出主要有：_____、活动属性、_____、_____、项目管理计划更新。

（2）_____包含项目所需的进展活动，包括每个活动的标识及工作范围详述。

（3）活动属性包括_____、_____和活动标签或名称。

（4）_____是项目中的重要时点或事件，它的持续时间为零。

第5节　排列活动顺序

知识点1　基础知识

基本概念

（1）排列活动顺序是识别和记录_____的关系的过程。

（2）排列活动顺序过程的主要作用是定义工作之间的_____，以便在既定的所有项目制约因素下获得最高的效率。

知识点2　输入

（1）排列活动顺序过程使用的项目管理计划组件主要包括_____和_____等。

（2）可作为排列活动顺序过程输入的项目文件主要包括：假设日志、_____、_____、_____。

知识点3　工具与技术

1.紧前关系绘图法

（1）紧前关系绘图法（PDM）又称_____法，是创建进度模型的一种技术，它使用方框或者长方形（被称作_____）代表_____，节点之间用_____连接，以显示节点之间的逻辑关系，这种网络图也被称作_____图或_____图。

（2）单代号网络图中，只有_____需要编号。

（3）PDM中的活动关系类型有4种：SF（_____）、FF（_____）、SS（_____）、FS（_____）。

（4）前导图法中的每个节点的活动会有以下几种时间：ES（_____）、EF（_____）、LS（_____）、LF（_____）。

（5）将正确的内容填入下方PDM图中的7个方格中：

2.箭线图法

（1）箭线图法（ADM）是用_____表示活动、用_____表示事件的一种网络图绘制方法。

（2）用箭线图法绘制的网络图也被称为_____或_____（AOA）。

（3）双代号网络图中的_____和_____都需要进行编号。

（4）用箭线图法的网络图中，_____和_____都必须有_____的代号，即网络图中不会有相同的代号。

（5）箭线图中任两项活动的紧前事件和紧后事件代号应_____，节点代号沿箭线方向越来越_____。

（6）箭线图中，流入同一节点的活动，均有共同的_____，流出同一节点的活动，均有共同的_____。

（7）作虚活动在网络图中用_____表示。虚活动不消耗_____，也不消耗_____。

3.提前量和滞后量

（1）提前量是相对于_____活动，_____活动可以提前的时间量，提前量一般用_____值表示。

（2）滞后量是相对于_____活动，_____活动需要推迟的时间量，滞后量一般用_____值表示。

知识点4 输出

（1）排列活动顺序活动的输出为：_____和项目文件更新。

（2）项目进度网络图中，带有多个紧前活动的活动代表_____，而带有多个紧后活动的活动则代表_____。带汇聚和分支的活动受到多个活动的影响或能够影响多个活动，因此存在较大_____。

第6节　估算活动持续时间

知识点1　基础知识

基本概念

（1）估算活动持续时间是根据资源估算的结果，估算完成_____所需工作时段数的过程。

（2）估算活动持续时间时需要考虑的其他因素包括_____、_____、技术进步和_____等。

知识点2　输入

（1）估算活动持续时间过程使用的项目管理计划组件主要包括_____和_____等。

（2）可作为估算活动持续时间过程输入的项目文件主要包括_____、活动清单、_____、经验教训登记册、_____、项目团队派工单、_____、资源日历、资源需求、风险登记册等。

知识点3　工具与技术

估算活动持续时间过程使用的工具与技术主要有：专家判断、_____、_____、_____、_____、数据分析、决策、会议。

1. 类比估算

（1）类比估算是一种使用相似活动或项目的_____，来估算当前活动或项目的持续时间或成本的技术。

（2）相对于其他估算技术，类比估算通常成本_____、耗时_____，但准确性也_____。

2. 参数估算

（1）参数估算利用历史数据之间的_____和_____来估算诸如成本、预算和持续时间等活动参数。

（2）参数估算的准确性取决于_____的成熟度和_____的可靠性。

3.三点估算

（1）何事情都顺利的情况下，完成某项工作的时间被称为_____时间，用To表示；正常情况下完成某项工作的时间被称为_____时间，用Tm表示；不利的情况下完成某项工作的时间被称为_____时间，用Tp表示。

（2）基于持续时间在三种估算值区间内的假定分布情况，可计算期望持续时间Te，如果三个估算值服从三角分布，则Te=_____；如果三个估算值服从β分布，则Te=_____。

知识点4 输出

（1）估算活动持续时间过程的输出有：_____、_____和项目文件更新。

（2）持续时间估算是对完成某项活动、阶段或项目所需的工作时段数的定量评估，其中并不包括任何_____，但可指出一定的变动区间（如2周±2天）。

第7节 制订进度计划

知识点1 基础知识

基本概念

（1）制订进度计划是分析活动顺序、_____、资源需求和_____，创建_____，从而落实项目执行和监控的过程。

（2）制订进度计划过程的主要作用是为完成项目活动而制定具有_____的进度模型。

（3）制订进度计划过程需要在_____期间开展。

（4）编制进度计划时，需要审查和修正_____估算、_____估算和_____，以制订项目进度计划，并在经批准后作为基准用于跟踪项目进度。

知识点2 输入

制订进度计划过程使用的项目管理计划组件主要包括_____和_____等。

知识点3 工具与技术

1.关键路径法

（1）关键路径法用于在进度模型中估算项目的_____，确定逻辑网络路径的进度灵活性。

（2）关键路径法中某项活动的_____必须相同或晚于直接指向这项活动的最早结束时间中的最晚时间。

（3）关键路径法中某项活动的_____必须相同或早于该活动直接指向的所有活动的最迟开始时间的最早时间。

（4）关键路径法用来计算进度模型中的_____、_____和_____。

（5）进度网络图可能有_____条关键路径。

（6）在任一网络路径上，进度活动可以从最早开始时间推迟或拖延的时间，而不至于延误项目完成日期或违反进度制约因素，这个时间就是_____。

（7）总浮动时间的计算方法为：本活动的最迟完成时间减去本活动的_____，或本活动的最迟开始时间减去本活动的_____。

（8）自由浮动时间就是指在不延误任何紧后活动_____时间或不违反进度制约因素的前提下，某进度活动可以_____的时间量。

2.资源优化

（1）资源优化技术包括_____和_____。

（2）如果共享资源或关键资源只在特定时间可用，数量有限，如一个资源在同一时段内被分配至两个或多个活动，需要使用的资源优化技术是_____。

（3）资源平衡往往导致_____。

（4）相对于资源平衡而言，资源平滑不会_____，_____也不会延迟，但资源平滑技术可能无法实现_____。

3.进度压缩

（1）进度压缩技术包括_____和_____。

（2）通过增加资源，以最小的成本代价来压缩进度工期的技术被称为_____。

（3）将正常情况下按顺序进行的活动或阶段改为至少部分并行开展的进度压缩技术被称为_____。

4.计划评审技术

（1）计划评审技术又称为_____，其理论基础是假设项目持续时间，以及整个项目完成时间是_____的，且服从某种概率分布。

（2）a_i表示第i项活动的乐观时间，m_i表示第i项活动的最可能时间，b_i表示第i项活动的悲观时间，根据β分布的方差计算方法，第i项活动的持续时间方差为_____。

💡 知识点4　输出

（1）制订进度计划过程的主要输出包括：_____、_____、进度数据、_____、变更请求、项目管理计划更新、项目文件更新。

（2）进度基准是经过批准的_____，只有通过正式的_____才能进行变更，用作与实际结果进行比较的依据。

（3）经干系人接受和批准后，进度基准包含_____日期和_____日期。

（4）项目进度计划中至少要包括每个活动的_____日期与_____日期。

（5）项目进度计划可以用列表形式，也可以用图形方式，此方法更直观，可用的图形方式有：_____、_____、_____。

（6）进度数据至少包括_____、_____、活动属性，以及已知的全部假设条件与制约因素。

第8节　控制进度

💡 知识点1　输入

控制进度过程使用的项目管理计划组件主要包括：_____、_____、_____和绩效测量基准等。

💡 知识点2　工具与技术

可用作控制进度过程的数据分析技术主要包括：_____、_____、绩效审查、_____、偏差分析和_____等。

💡 知识点3　输出

控制进度过程的输出主要包括：_____、_____、_____、项目管理计划更新、项目文件更新。

第11章
项目成本管理

知识体系构建

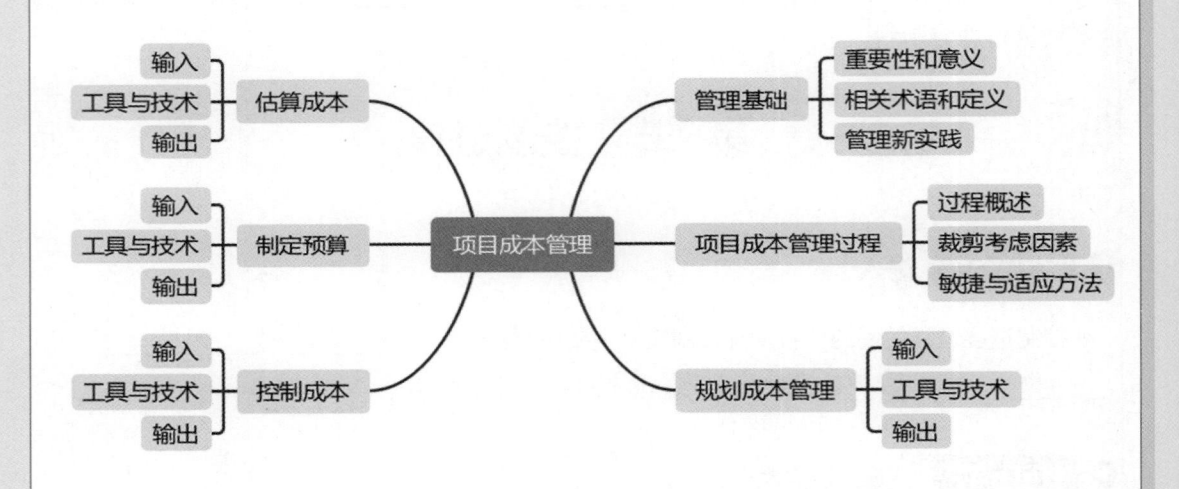

```
                    ┌─ 输入
            ┌─ 估算成本 ─┼─ 工具与技术
            │           └─ 输出
            │                                   ┌─ 重要性和意义
            │                         ┌─ 管理基础 ─┼─ 相关术语和定义
            │                         │           └─ 管理新实践
            │           ┌─ 输入       │
            ├─ 制定预算 ─┼─ 工具与技术  │           ┌─ 过程概述
项目成本管理 ─┤           └─ 输出      ├─ 项目成本管理过程 ─┼─ 裁剪考虑因素
            │                         │           └─ 敏捷与适应方法
            │           ┌─ 输入       │
            └─ 控制成本 ─┼─ 工具与技术  │           ┌─ 输入
                        └─ 输出       └─ 规划成本管理 ─┼─ 工具与技术
                                                  └─ 输出
```

全新考情点拨

本章知识点会涉及单项选择题、案例题、论文，选择题约占3分。

根据考试大纲，本章知识点会涉及项目成本管理的4个过程：规划成本、估算成本、制定预算、控制成本等内容。知识点偏重于介绍概念知识，其中重要知识点有：成本基准，成本类型，挣值分析，三点估算，成本管理过程的输入、工具与技术、输出。

第1节　管理基础

知识点1　基础知识

（1）项目成本管理是为了项目在_____内完成，对成本进行规划、估算、预算、融资、筹资、管理和控制的过程。

（2）项目成本管理重点关注完成项目活动所需资源的成本，但同时也考虑项目决策对项目产品、服务或成果的_____成本、_____成本和_____成本的影响。

知识点2　重要性和意义

项目成本失控的原因：_____、_____、_____、_____、_____。

知识点3　相关术语和定义、管理新实践

（1）产品的全生命周期成本不仅要考虑项目全生命周期成本，也要考虑项目的_____成本，这有助于人们更精确地制订项目财务收益计划。

（2）成本的类型包括：_____、_____、_____、_____、_____。

（3）应急储备是用来应对_____风险的应急时间或应急资金。

（4）管理储备是用来应对_____风险的应急时间或应急资金。

第2节　项目成本管理过程

知识点　过程概述、裁剪考虑因素、敏捷与适应方法

（1）项目成本管理过程包括：_____、_____、_____、_____。

（2）裁剪时应考虑的因素包括：_____、_____、_____、_____。

（3）对易变性高、范围并未完全明确、经常发生变更的项目，采用_____方法快速生成对项目人力成本的高层级预测，以在出现变更时容易调整预测；而详细的估算

适用于采用_____制的短期规划。

第3节　规划成本管理

知识点1　基础知识

（1）规划成本管理是确定如何估算、预算、管理、监督和控制_____的过程。

（2）应该在项目规划阶段的早期就对成本管理工作进行规划，建立各_____的基本框架，以确保各过程的有效性及各过程之间的协调性。

知识点2　输入

（1）规划成本管理过程的主要输入有：_____、_____、事业环境因素、组织过程资产。

（2）项目章程规定了_____，可根据项目章程确定详细的项目成本。

（3）规划成本管理过程使用的项目管理计划组件主要包括_____、_____等。

知识点3　输出

（1）规划成本管理过程的主要输出是_____。

（2）在成本管理计划中一般需要规定_____、_____、准确度、组织程序链接、_____绩效测量规则、报告格式和其他细节等。

第4节　估算成本

知识点1　基础知识

基本概念

（1）估算成本是对完成项目工作所需资金进行_____的过程。

（2）成本估算是对完成活动所需资源的可能成本进行的_____评估，是在某特定时点根据已知信息所做出的成本预测。

（3）通常用某种货币单位进行成本估算，但有时也可采用其他计量单位，如人·时数或人·天数，以消除_____的影响，便于进行成本比较。

知识点2 输入

（1）估算成本过程使用的项目管理计划组件主要包括_____、_____和_____。

（2）可作为估算成本过程输入的项目文件包括经验教训登记册、_____、_____和风险登记册。

知识点3 工具与技术

（1）估算成本过程可以使用的估算方法有：_____、_____、_____、_____。

（2）适用于估算成本过程的数据分析技术主要包括_____、_____和_____。

知识点4 输出

（1）估算成本过程的输出主要有：_____、_____、项目文件更新。

（2）成本估算包括完成项目工作可能需要的成本、应对已识别风险的_____。

（3）成本估算所需的支持信息的数量和种类因应用领域而异，不论其详细程度如何，支持性文件都应该_____、_____地说明成本估算是如何得出的。

第5节 制定预算

知识点1 基础知识

（1）制定预算是汇总所有单个活动或工作包的_____，建立一个经批准的_____的过程。

（2）制定预算过程的主要作用是确定可据以监督和控制项目绩效的_____。

知识点2 输入

（1）制定预算过程的主要输入有：项目管理计划、_____、_____、协议、事业环境因素、组织过程资产。

（2）制定预算过程使用的项目管理计划组件主要包括：_____、资源管理计划、_____。

（3）制定预算过程使用的商业文件的组件主要包括：_____、_____。

知识点3 输出

（1）制定预算过程的主要输出包括：_____、_____、项目文件更新。

（2）成本基准是经过批准的、按时间段分配的_____，不包括任何_____。

第6节 控制成本

知识点1 输入

（1）控制成本过程使用的项目管理计划组件主要包括：_____、_____和绩效测量基准等。

（2）项目资金需求包括预计_____及预计_____。

知识点2 工具与技术

（1）控制成本过程中的数据分析技术主要有：_____、_____、趋势分析、_____。

（2）挣值分析针对各工作包和控制账户监测以下指标：_____（PV）、_____（AC）、_____（EV）、_____（SV）及_____（SPI）、_____（CV）与_____（CPI）、预测。

（3）PV主要反映进度计划应当完成的工作量，不包括_____。

（4）SV=___减去___的差值。当SV___0时，说明进度超前；当SV___0时，说明进度落后；当SV___0时，则说明实际进度符合计划。

（5）CV=___减去___的差值。当CV___0时，说明成本超支；当CV___0时，说明成本节约；当SV___0时，则说明成本等于预算。

（6）当基于非典型的偏差计算时，ETC=_____，当基于典型的偏差计算时，ETC=_____。

（7）基于BAC的TCPI公式应为：_____。

知识点3　输出

成本过程的输出主要有：_____、_____、_____、项目管理计划更新、项目文件更新。

第 12 章 项目质量管理

知识体系构建

```
                                        ┌─ 质量与项目质量
                           ┌─ 管理基础 ──┼─ 质量管理
                           │            ├─ 质量管理标准体系
                           │            └─ 管理新实践
           ┌─ 输入         │
           │               │            ┌─ 过程概述
管理质量 ──┼─ 工具与技术   │
           │               ├─ 项目质量管理过程 ─┼─ 裁剪考虑因素
           └─ 输出         │            └─ 敏捷与适应方法
项目质量管理 ──┤
           ┌─ 输入         │            ┌─ 输入
控制质量 ──┼─ 工具与技术   └─ 规划质量管理 ─┼─ 工具与技术
           └─ 输出                      └─ 输出
```

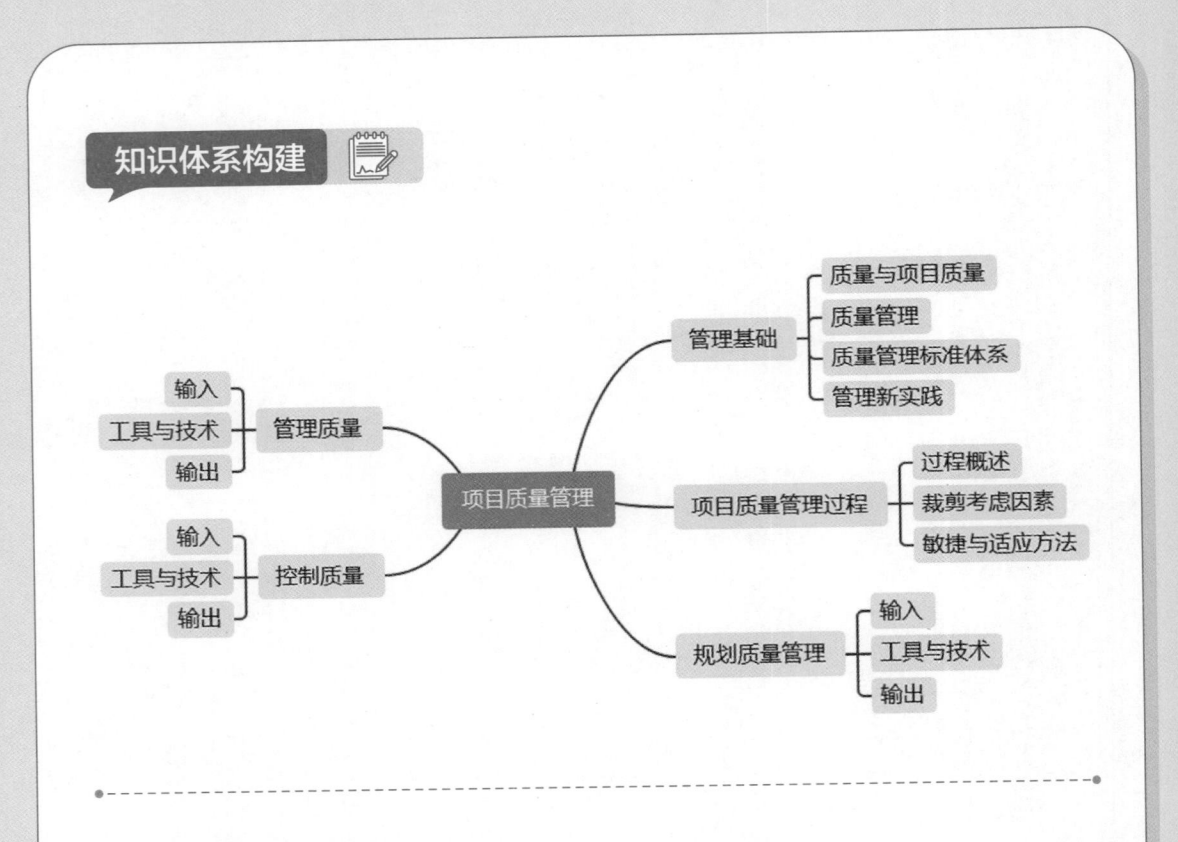

全新考情点拨

本章知识点会涉及单项选择题、案例题、论文，选择题约占3分。

主要涉及项目质量管理的三个过程：规划质量管理、管理质量、控制质量等内容。本章内容偏重于概念知识。

第1节 管理基础

知识点1 质量与项目质量

（1）国际标准化组织对质量的定义是："反映实体满足主体＿＿＿＿＿＿的能力的特性总和"。

（2）质量通常是指产品的质量，广义上的质量还包括＿＿＿＿＿＿质量。

（3）项目质量体现在由 WBS 反映出的＿＿＿＿＿＿内所有的阶段、子项目、项目工作单元的质量构成。

知识点2 质量管理

（1）质量管理是指确定质量方针、目标和职责，并通过质量体系中的质量＿＿＿＿＿＿、质量＿＿＿＿＿＿、质量＿＿＿＿＿＿以及质量＿＿＿＿＿＿来使其实现所有管理职能的全部活动。

（2）按有效性递增排列的五种质量管理水平：＿＿＿＿＿＿、＿＿＿＿＿＿、＿＿＿＿＿＿、＿＿＿＿＿＿、＿＿＿＿＿＿。

知识点3 质量管理标准体系

（1）GB/T 19000 系列标准可帮助各种类型和规模的组织实施并运行有效的质量管理体系，包括：＿＿＿＿＿＿、＿＿＿＿＿＿、＿＿＿＿＿＿、＿＿＿＿＿＿、＿＿＿＿＿＿。

（2）全面质量管理：是一种全＿＿＿＿＿＿、全＿＿＿＿＿＿、全＿＿＿＿＿＿的品质管理。

（3）全面质量管理的4个核心的特征包括：＿＿＿＿＿＿、＿＿＿＿＿＿、＿＿＿＿＿＿、＿＿＿＿＿＿。

知识点4 管理新实践

现代质量管理方法力求缩小差异，交付满足干系人要求的成果，项目质量管理的新趋势和新实践包括：＿＿＿＿＿＿、＿＿＿＿＿＿、管理层的责任、＿＿＿＿＿＿。

第2节　项目质量管理过程

知识点　过程概述、裁剪考虑因素、敏捷与适应方法

（1）项目质量管理过程包括：_____、_____、_____。

（2）裁剪时应考虑的因素包括：_____、_____、_____。

第3节　规划质量管理

知识点1　基础知识

基本概念

（1）规划质量管理是识别项目及其可交付成果的_____和（或）_____，并书面描述项目将如何证明符合质量要求和（或）标准的过程。

（2）规划质量管理过程的主要作用是在整个项目期间为如何_____和_____质量提供指南和方向。

知识点2　输入

（1）规划质量管理过程的主要输入有：_____、_____、_____、事业环境因素、组织过程资产。

（2）规划质量管理过程使用的项目管理计划组件主要包括_____、_____、干系人参与计划和_____等。

知识点3　工具与技术

（1）适用于规划质量管理过程的数据收集技术包括_____、_____和访谈等。

（2）适用于规划质量管理过程的数据分析技术包括_____和_____等。

（3）与项目有关的质量成本（COQ）包括了_____、_____、_____中的一种或多种成本。

（4）_____成本和_____成本属于一致性成本。

（5）债务、保修工作、报废所对应的成本属于_____成本。

（6）适用于规划质量管理过程的数据表现技术包括_____、逻辑数据模型、_____和思维导图等。

知识点4　输出

规划质量管理过程的输出有_____、_____、项目管理计划更新、项目文件更新。

第4节　管理质量

知识点1　基础知识

（1）管理质量是把组织的质量政策用于项目，并将_____转化为可执行的质量活动的过程。

（2）管理质量过程的主要作用是提高实现质量目标的可能性，以及识别_____过程和导致_____的原因，促进质量过程改进。

（3）管理质量是_____的共同职责。

知识点2　输入

项目管理计划中的_____组件可以应用于管理质量过程。

知识点3　工具与技术

（1）管理质量过程使用的数据分析技术主要包括：_____、文件分析、_____、_____。

（2）管理质量过程使用的数据表现技术主要包括：亲和图、_____图、_____图、_____图、矩阵图、_____图。

（3）_____图用于根据其亲近关系对导致质量问题的各种原因进行归类，展示最应关注的领域。

（4）因果图也叫_____图或_____图，分析导致某一结果的一系列原因。

（5）_____图在行列交叉的位置展示因素、原因和目标之间的关系强弱。
（6）_____图是一种展示两个变量之间的关系的图形，它能够展示两支轴的关系。

知识点4 输出

管理质量过程的主要输出有：_____、_____、变更请求、项目管理计划更新、项目文件更新。

第5节 控制质量

知识点1 输入

（1）项目管理计划的组件中，_____用于控制质量过程的输入。
（2）控制质量过程的主要输入有：_____、项目文件、_____、_____、_____、事业环境因素、组织过程资产。

知识点2 工具与技术

（1）控制质量过程中的数据收集技术主要有：_____、_____、_____、问卷调查。
（2）控制质量过程中的数据分析技术主要有：_____、_____。

知识点3 输出

控制质量过程的主要输出有：_____、_____、_____、_____、项目管理计划更新、项目文件更新。

第13章

项目资源管理

知识体系构建

项目资源管理
- 获取资源：输入／工具与技术／输出
- 建设团队：输入／工具与技术／输出
- 管理团队：输入／工具与技术／输出
- 控制资源：输入／工具与技术／输出
- 管理基础：相关术语和定义／管理新实践
- 项目资源管理过程：过程概述／裁剪考虑因素／敏捷与适应方法
- 规划资源管理：输入／工具与技术／输出
- 估算活动资源：输入／工具与技术／输出

全新考情点拨

本章知识点会涉及单项选择题、案例题、论文，选择题约占2~3分。

本章内容基本属于基础知识范畴，考查的知识点多来源于教材，扩展内容较少。

第1节　管理基础

知识点　相关术语和定义、管理新实践

（1）项目管理团队也称为_____或_____，是直接参与项目管理活动的项目团队成员，负责项目管理和领导活动。

（2）项目经理的权力有5种来源，分别是：_____、_____、_____、_____、_____。

（3）_____、_____、_____来自组织的授权，_____和_____来自管理者自身。

（4）团队通常会经历的五个发展阶段是：_____、_____、_____、_____、_____。

（5）项目资源管理的趋势和新实践包括：_____、_____、_____、_____。

第2节　项目资源管理过程

知识点　过程概述、裁剪考虑因素、敏捷与适应方法

（1）项目资源管理过程包括：_____、_____、_____、_____、_____、_____。

（2）项目资源管理过程裁剪时应考虑的因素包括：_____、_____、_____、_____、_____、_____。

（3）对于易变性高的项目，对实物和人力资源规划具有较高的不可预测性。在这些环境中，快速供应协议和精益方法对控制_____和实现_____非常重要。

第3节　规划资源管理

知识点1　输入

（1）规划资源管理过程的输入有：_____、_____、项目文件、事业环境因素、组织过程资产。

（2）规划资源管理过程使用的项目管理计划组件主要包括_____和_____等。

知识点2 工具与技术

（1）有多种格式来记录和阐明团队成员的角色与职责，规划资源管理过程中的数据表现技术有：_____型、_____型和_____型。

（2）一般来说，_____可用于表示高层级角色，而文本型则更适合用于记录_____。

知识点3 输出

（1）规划资源管理过程的输出有：_____、_____、项目文件更新。

（2）资源管理计划可以根据项目的具体情况分为_____和_____。

第4节 估算活动资源

知识点 输入、工具与技术、输出

（1）估算活动资源过程的输入有：_____、项目文件、_____、组织过程资产。

（2）估算活动资源过程的输出有：_____、估算依据、_____、项目文件更新。

（3）资源需求识别了各个工作包或工作包中每个活动所需的资源类型和数量，可以汇总这些需求，以估算每个_____、每个_____以及整个项目所需的资源。

第5节 获取资源

知识点1 基础知识

（1）获取资源过程旨在以正确的_____在正确的_____获取适合的人力资源和实物资源。

（2）获取资源过程需要对所获取的资源进行分配，并形成相应的资源分配文件，包

括_____单和_____单。

知识点2 输入

获取资源过程使用的项目管理计划组件主要包括：_____、_____和成本基准等。

知识点3 工具与技术

获取资源过程的主要工具与技术有：决策（_____）、人际关系与团队技能（_____）、_____、_____。

知识点4 输出

获取资源过程的主要输出有：_____、_____、_____、变更请求、项目文件更新、事业环境因素更新、组织过程资产更新。

第6节 建设团队

知识点1 基础知识

（1）可实现团队高效运行的行为主要包括：使用开放与有效的_____、创造_____机遇、建立团队成员间的_____、以建设性方式管理_____、鼓励_____的问题解决方法和鼓励合作型的_____方法等。

（2）塔克曼阶梯理论中提出团队建设通常要经过_____、_____、_____、_____和_____。

知识点2 输入、工具与技术、输出

（1）可用于建设团队过程的项目文件的组件主要有：经验教训登记册、_____、_____、资源日历、_____。

（2）_____是指把许多或全部最活跃的项目团队成员安排在同一个地点工作，以增强团队工作能力。

（3）建设团队过程的输出有：_____、变更请求、项目管理计划更新、项目文件更新、事业环境因素更新、组织过程资产更新。

第7节　管理团队

知识点1　输入

（1）管理团队过程的主要输入有：项目管理计划、项目文件、_____、_____、事业环境因素、组织过程资产。

（2）资源管理计划为如何管理和最终_____提供指南。

知识点2　工具与技术

冲突管理

（1）冲突的来源包括_____、_____和个人工作风格差异等。

（2）冲突的发展划分成如下五个阶段：_____、_____、_____、_____、_____。

（3）常用的冲突解决方法有：_____、_____、_____、_____、_____。

第8节　控制资源

知识点1　基础知识

（1）控制资源过程的作用是：_____、_____、_____。

（2）控制资源过程应关注：_____、_____、_____、_____、_____、_____、_____等。

知识点2　输入、输出

（1）可用于控制资源的项目管理计划组件是_____。

（2）可作为控制资源过程输入的项目文件主要包括：问题日志、经验教训登记册、_____、项目进度计划、_____、_____和风险登记册等。

（3）控制资源过程的输出有：_____、_____、项目管理计划更新、_____。

第 14 章
项目沟通管理

知识体系构建

- 项目沟通管理
  - 规划沟通管理
    - 输入
    - 工具与技术
    - 输出
  - 管理沟通
    - 输入
    - 工具与技术
    - 输出
  - 监督沟通
    - 输入
    - 工具与技术
    - 输出
  - 管理基础
    - 沟通
    - 沟通模型
    - 沟通分类
    - 沟通技巧
    - 管理新实践
  - 项目沟通管理过程
    - 过程概述
    - 裁剪考虑因素
    - 敏捷与适应方法

全新考情点拨

本章知识点会涉及单项选择题、案例题、论文，选择题约占2~3分。
本章内容基本属于基础知识范畴，考查的知识点多来源于教材，扩展内容较少。

第1节　管理基础

知识点 沟通、模型、分类、技巧、管理新实践

（1）沟通模型关键要素包括：_____、_____、_____、_____、_____。

（2）沟通模型包含五种状态：_____、_____、_____、_____、_____。

（3）沟通活动可按多种维度进行分类，主要包括：_____、_____、_____、_____。

（4）有效的沟通活动和成果创建具有如下三个基本属性：_____、_____、_____。

（5）项目沟通管理的新趋势和新兴的实践主要包括：_____、_____、_____、_____。

第2节　项目沟通管理过程

知识点 过程概述、裁剪考虑因素、敏捷与适应方法

（1）项目沟通管理过程包括：_____、_____、_____。

（2）裁剪时应考虑的因素包括：_____、_____、_____、_____、_____。

（3）在模糊不定的项目环境中，必然需要对不断演变和出现的细节情况进行更频繁和快速的沟通。因此，应该尽量简化团队成员获取信息的通道，要经常进行_____，并让团队成员_____。

第3节　规划沟通管理

知识点1　基础知识

（1）规划沟通管理是基于每个干系人或干系人群体的信息需求、可用的组织资产，以及具体项目的需求，为_____制订恰当的方法和计划的过程。

（2）规划沟通管理过程的主要作用是为及时向干系人提供相关信息、引导干系人_____而编制书面沟通计划。

知识点2　输入

（1）规划沟通管理过程的主要输入有：_____、_____、_____、事业环境因素、组织过程资产。

（2）规划沟通管理过程使用的项目管理计划组件主要包括_____和_____。

知识点3　工具与技术

（1）规划沟通管理过程的主要工具与技术有：专家判断、_____、_____、_____、_____、人际关系与团队技能、数据表现、会议等。

（2）沟通模型可以是最基本的线性沟通过程，也可以是增加了_____、更具互动性的沟通形式。

（3）项目干系人之间用于分享信息的沟通方法主要包括：推式沟通、_____、_____。

知识点4　输出

规划沟通管理过程的主要输出有：_____、_____、项目文件更新。

第4节　管理沟通

知识点1　输入

（1）管理沟通过程使用的项目管理计划组件主要包括：_____、_____和_____等。

（2）管理沟通过程的主要输入有：项目管理计划、项目文件、_____、事业环境因素、组织过程资产。

（3）工作绩效报告的典型示例包括_____和_____。

知识点2　工具与技术

（1）沟通常见方法包括_____、_____、书面文件、_____、_____和网站。

（2）适用于管理沟通过程的沟通技能包括_____、_____、非口头技能、_____等。

（3）适用于管理沟通过程的人际关系与团队技能包括积极倾听、_____、_____、_____和政策意识等。

知识点3　输出

项目沟通记录主要包括：_____、可交付成果的状态、_____、产生的成本、_____，以及干系人需要的其他信息。

第5节　监督沟通

知识点　输入

（1）监督沟通过程使用的项目管理计划组件主要包括：资源管理计划、_____、_____等。

（2）可作为监督沟通过程输入的项目文件主要包括：_____、经验教训登记册和_____等。

第 15 章
项目风险管理

知识体系构建

- 实施定量风险分析
  - 输入
  - 工具与技术
  - 输出
- 规划风险应对
  - 输入
  - 工具与技术
  - 输出
- 实施风险应对
  - 输入
  - 工具与技术
  - 输出
- 监督风险
  - 输入
  - 工具与技术
  - 输出
- 风险管理示例

项目风险管理

- 管理基础
  - 项目风险概述
  - 风险的属性
  - 风险的分类
  - 风险成本及其负担
  - 管理新实践
- 项目风险管理过程
  - 过程概述
  - 裁剪考虑因素
  - 敏捷与适应方法
- 规划风险管理
  - 输入
  - 工具与技术
  - 输出
- 识别风险
  - 输入
  - 工具与技术
  - 输出
- 实施定性风险分析
  - 输入
  - 工具与技术
  - 输出

全新考情点拨

本章知识点会涉及单项选择题、案例题、论文,选择题约占2~3分。

本章内容基本属于基础知识范畴,考查的知识点多来源于教材,扩展内容较少。

第1节　管理基础

知识点1　项目风险概述

（1）每个项目都在两个层面上存在风险：一是每个项目都有会影响项目达成目标的_____；二是由单个风险和不确定性的其他来源联合导致的_____。

（2）项目风险会对项目目标产生_____或_____的影响，也就是风险与机会。

知识点2　风险的属性

（1）风险的属性有：_____性、_____性、_____性。

（2）影响人们的风险承受能力的因素主要包括：_____、_____、_____。

（3）风险的可变性含义包括：_____的变化、_____的变化、_____。

知识点3　风险的分类

（1）按风险后果划分为：_____、_____。

（2）按风险来源划分为：_____、_____。

（3）按风险是否可管理划分为：_____、_____。

（4）按风险影响范围划分为：_____、_____。

（5）按风险的可预测性划分为：_____、_____、_____。

知识点4　风险成本及其负担、管理新实践

（1）风险成本包括_____成本、_____成本以及_____的成本。

（2）项目风险管理的关注面正在扩大，其发展趋势和新兴实践主要包括：_____、_____和整合式风险管理。

（3）非实践类风险主要有_____风险和_____风险两种类型。

第2节 项目风险管理过程

知识点 过程概述、裁剪考虑因素、敏捷与适应方法

（1）项目风险管理过程包括：＿＿＿＿＿＿、＿＿＿＿＿＿、＿＿＿＿＿＿、＿＿＿＿＿＿、＿＿＿＿＿＿、＿＿＿＿＿＿、＿＿＿＿＿＿。

（2）裁剪考虑因素有：＿＿＿＿＿＿、＿＿＿＿＿＿、＿＿＿＿＿＿、＿＿＿＿＿＿。

第3节 规划风险管理

知识点 基础知识、输入、工具与技术、输出

（1）规划风险管理过程的主要作用是确保风险管理的水平、方法和可见度与项目＿＿＿＿＿＿相匹配，以及项目对组织和其他干系人的重要程度相匹配。

（2）规划风险管理过程的主要输入有：＿＿＿＿＿＿、＿＿＿＿＿＿、项目文件、事业环境因素、组织过程资产。

（3）可作为规划风险管理过程输入的项目文件是＿＿＿＿＿＿。

（4）规划风险管理过程的主要输出有：＿＿＿＿＿＿。

（5）风险管理计划的内容主要包括：＿＿＿＿＿＿、方法论、＿＿＿＿＿＿、＿＿＿＿＿＿、时间安排、＿＿＿＿＿＿、干系人风险偏好、＿＿＿＿＿＿、＿＿＿＿＿＿、报告格式、跟踪等。

第4节 识别风险

知识点1 输入

识别风险过程的主要输入有：＿＿＿＿＿＿、项目文件、＿＿＿＿＿＿、＿＿＿＿＿＿、事业环境因素、组织过程资产。

知识点2　工具与技术

（1）识别风险过程的主要工具与技术有：专家判断、会议、_____、_____、_____、人际关系与团队技能。

（2）SWOT分析是对项目的_____、_____、机会和_____进行逐个检查。

知识点3　输出

（1）识别风险过程的主要输出有：_____、_____、项目文件更新。

（2）当完成识别风险过程时，风险登记册的内容主要包括_____、_____、潜在风险应对措施清单等。

第5节　实施定性风险分析

知识点1　基础知识

（1）实施定性风险分析是通过评估单个项目风险发生的概率和影响以及其他特征，对风险进行_____，从而为后续分析或行动提供基础的过程。

（2）实施定性风险分析能为_____确定单个项目风险的相对优先级。

知识点2　输入

（1）实施定性风险分析过程使用的项目管理计划的子计划是_____。

（2）可作为实施定性风险分析过程输入的项目文件主要包括_____、_____和_____等。

知识点3　工具与技术

（1）实施定性风险分析过程使用的数据分析技术主要有：_____、_____、其他风险参数评估。

（2）实施定性风险分析过程使用的数据表现技术主要有：_____、_____。

知识点4 输出

实施定性风险分析过程的输出主要是：问题日志、假设日志、＿＿＿＿＿＿更新和＿＿＿＿＿＿更新。

第6节 实施定量风险分析

知识点1 基础知识

（1）实施定量风险分析本过程的主要作用是＿＿＿＿＿＿整体项目风险的最大可能性，并提供额外的定量风险信息，以支持＿＿＿＿＿＿规划。

（2）定量分析适用于＿＿＿＿＿＿的项目、具有战略重要性的项目、合同要求进行定量分析的项目，或＿＿＿＿＿＿的项目。

知识点2 输入

（1）实施定量风险分析过程使用的项目管理计划的组件主要包括＿＿＿＿＿＿、＿＿＿＿＿＿、进度基准、＿＿＿＿＿＿等。

（2）实施定量风险分析过程输入的项目文件组件"成本预测"包括项目的＿＿＿＿＿＿（ETC）、＿＿＿＿＿＿（EAC）、＿＿＿＿＿＿（BAC）、＿＿＿＿＿＿（TCPI）。

知识点3 工具与技术

（1）实施定量风险分析过程使用的数据分析技术主要有：模拟、＿＿＿＿＿＿、＿＿＿＿＿＿、＿＿＿＿＿＿。

（2）概率分布可能有多种形式，最常用的有三角分布、＿＿＿＿＿＿、＿＿＿＿＿＿、＿＿＿＿＿＿、均匀分布或＿＿＿＿＿＿。

第7节 规划风险应对

知识点1 基础知识

（1）规划风险应对是为应对项目风险，以及应对单个项目风险而制定可选方案、选择_____并商定_____的过程。

（2）风险应对方案应该与风险的重要性相匹配，获得全体干系人的同意，并由_____具体负责。

（3）_____是实施风险应对措施而直接导致的风险。

知识点2 输入

规划风险应对过程使用的项目管理计划组件主要包括资源管理计划、_____和_____等。

知识点3 工具与技术

1. 威胁应对策略

（1）威胁应对策略主要有_____、_____、_____、_____、_____5种。

（2）将应对威胁的责任转移给第三方，让第三方管理风险并承担威胁发生的影响，这种威胁应对策略是_____。

（3）风险的接受策略可以分为_____和_____两种方式。

（4）最常见的主动接受策略是_____，包括预留时间、资金或资源，以应对出现的威胁。

2. 机会应对策略

针对机会的应对策略主要有_____、_____、_____、_____、_____5种。

3. 整体项目风险应对策略

用于应对单个项目风险的策略也适用于整体项目风险，主要包括_____、_____、_____、_____、_____。

第8节　实施风险应对

知识点 输入、输出

（1）可作为实施风险应对过程输入的项目文件主要包括：_____、_____和_____等。

（2）可作为实施风险应对过程输入的项目管理计划组件是_____。

（3）实施风险应对过程的输出主要有：_____和项目文件更新。

第9节　监督风险

知识点1　输入

（1）监督风险过程使用的项目管理计划的组件是_____。

（2）监督风险过程的主要输入有：项目管理计划、项目文件、_____、_____。

知识点2　工具与技术

（1）适用于监督风险过程的数据分析技术主要包括：_____、_____。

（2）项目经理负责确保按_____所规定的频率开展风险审计。

第10节　风险管理示例

知识点　基础知识

（1）_____可以使项目经理的头脑中保持着风险管理的意识，它是一个主要的风险管理工具。

（2）项目组应当在开始_____之前就初步地列一张风险清单，并且直到项目结束前不断更新这张清单。

第 16 章
项目采购管理

知识体系构建

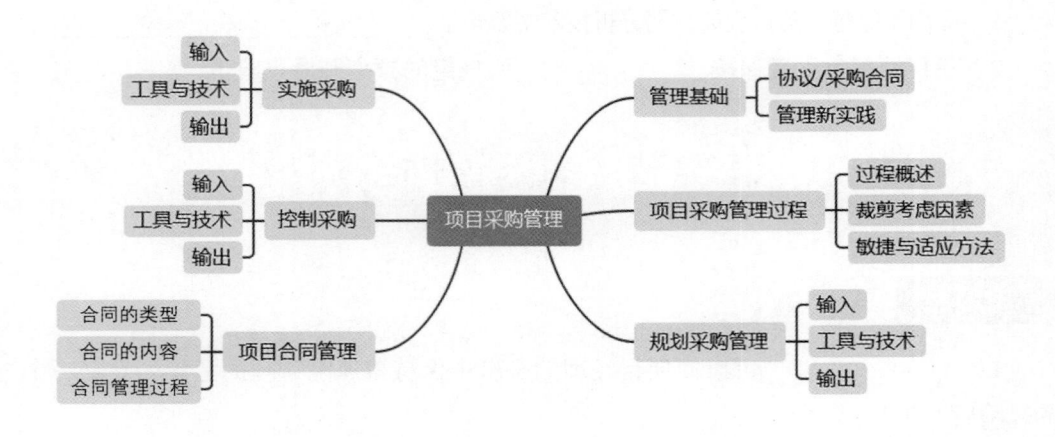

- 实施采购
  - 输入
  - 工具与技术
  - 输出
- 控制采购
  - 输入
  - 工具与技术
  - 输出
- 项目合同管理
  - 合同的类型
  - 合同的内容
  - 合同管理过程
- 项目采购管理
  - 管理基础
    - 协议/采购合同
    - 管理新实践
  - 项目采购管理过程
    - 过程概述
    - 裁剪考虑因素
    - 敏捷与适应方法
  - 规划采购管理
    - 输入
    - 工具与技术
    - 输出

全新考情点拨

本章知识点会涉及单项选择题、案例题、论文，选择题，约占2~3分。

本章内容基本属于基础知识范畴，考查的知识点多来源于教材，扩展内容较少。

第1节　管理基础

知识点　协议/采购合同、管理新实践

（1）项目采购管理过程涉及用_____来描述买卖双方的关系。

（2）因应用领域不同，协议可以是合同、_____（SLA）、谅解备忘录、_____（MOA）或订购单。

第2节　项目采购管理过程

知识点　过程概述、裁剪考虑因素、敏捷与适应方法

（1）项目采购管理过程包括：_____、_____、_____。

（2）裁剪时应考虑的因素主要包括：_____、物理地点、_____、_____。

（3）在敏捷或适应型环境中，可能需要与特定卖方进行协作来_____。

第3节　规划采购管理

知识点1　基础知识

（1）规划采购管理是记录项目采购决策、明确采购方法，及识别_____的过程。

（2）一般的采购步骤为：

_____、
_____、
_____、
_____、
_____、
_____、
_____。

_____、
_____。

知识点2　输入、工具与技术、输出

（1）所有法律合同关系通常可分为总价和_____两大类，此外，还有第三种常用的_____合同。

（2）总价合同类型包括：_____合同、_____合同、_____合同。

（3）成本补偿合同又可分为：_____合同、_____合同、_____合同。

（4）常用的供方选择方法有：最低成本、_____、基于质量或技术方案得分、_____、_____、固定预算。

（5）_____合同适用于工作类型可预知、需求能清晰定义且不太可能变更的情况。

（6）_____合同适用于工作不断演进、很可能变更或未明确定义的情况。

（7）若需要供应商提供关于将如何满足需求和（或）将需要多少成本等更多信息，可以使用的是招标文件是_____。

第4节　实施采购

知识点　输入、工具与技术、输出

（1）采购文档包括：_____、_____、_____、_____。

（2）协议文本的主要内容包括：_____、_____、_____、_____、_____、_____、_____、_____、_____、_____、_____、_____、_____、_____。

第5节　控制采购

知识点1　基础知识

（1）控制采购是管理采购关系、监督＿＿＿＿＿＿、实施必要的变更和纠偏，以及＿＿＿＿＿＿的过程。

（2）控制采购的质量，包括＿＿＿＿＿＿的独立性和可信度，是采购系统可靠性的关键决定因素。

知识点2　输入

（1）控制采购过程使用的项目管理计划组件主要包括：＿＿＿＿＿＿、风险管理计划、＿＿＿＿＿＿、变更管理计划和＿＿＿＿＿＿等。

（2）可作为控制采购过程输入的项目文件主要包括：假设日志、经验教训登记册、＿＿＿＿＿＿、质量报告、＿＿＿＿＿＿、＿＿＿＿＿＿、＿＿＿＿＿＿和干系人登记册等。

知识点3　工具与技术

（1）控制采购过程的主要工具与技术包括：专家判断、＿＿＿＿＿＿、＿＿＿＿＿＿、检查、＿＿＿＿＿＿。

（2）＿＿＿＿＿＿是解决所有索赔和争议的首选方法。

知识点4　输出

控制采购过程的主要输出有：＿＿＿＿＿＿、＿＿＿＿＿＿、＿＿＿＿＿＿、＿＿＿＿＿＿、项目管理计划的更新、项目文件更新、组织过程资产更新。

第6节　项目合同管理

知识点1　合同的类型

（1）以项目的范围为标准划分，可以将合同分为＿＿＿＿＿＿合同、项目单项承包合同和_____合同。

（2）如果工作范围很明确，且项目的设计已具备详细的细节，则使用_____合同。

（3）如果工作性质清楚，但范围不是很清楚，而且工作不复杂，又需要快速签订合同，则使用_____合同。

（4）如果工作范围尚不清楚，则使用_____合同。

（5）如果购买标准产品，且数量不大，则使用_____合同。

知识点2　合同的内容、合同管理过程

（1）合同管理包括：合同的签订管理、_____、合同的变更管理、_____和_____。

（2）在解决合同争议的方法中，其优先顺序为_____、_____、_____、_____。

（3）一般具备以下条件才可以变更合同：

_____、

_____、

_____。

（4）一般的合同解释原则有：_____、_____、_____、_____。

第 17 章
项目干系人管理

知识体系构建

- 规划干系人参与：输入、工具与技术、输出
- 管理干系人参与：基础知识、输入
- 监督干系人参与：输入、工具与技术
- 管理基础：管理的重要性、管理新实践
- 项目干系人管理过程：过程概述、裁剪考虑因素、敏捷与适应方法
- 识别干系人：输入、工具与技术、输出

全新考情点拨

本章知识点会涉及单项选择题、案例题、论文，选择题，约占 2~3 分。

本章内容基本属于基础知识范畴，考查的知识点多来源于教材，扩展内容较少。

第1节　管理基础

知识点　管理的重要性、管理新实践

（1）干系人满意度应作为_____加以识别和管理。

（2）有效引导干系人参与的关键是重视所有干系人并保持持续沟通（包括团队成员），理解他们的_____、处理所发生的问题、管理_____，并促进干系人参与项目_____。

第2节　项目干系人管理过程

知识点　过程概述、裁剪考虑因素、敏捷与适应方法

（1）项目干系人管理过程包括：_____、_____、_____、_____。

（2）裁剪时应考虑的因素主要包括：_____、_____、_____。

第3节　识别干系人

知识点1　输入

（1）识别干系人过程的输入有：_____、_____、项目管理计划中的组件（_____和_____）、项目文件中的组件（变更日志、_____和_____）、_____、事业环境因素、_____。

（2）变更日志可能引入新的_____，或改变干系人与项目的现有关系的性质。

（3）_____所记录的问题可能为项目带来新的干系人，或改变现有干系人的参与类型。

（4）_____可以提供关于潜在干系人的信息。

知识点2 工具与技术

（1）在对干系人分析的方法中，干系人的利害关系组合主要包括：兴趣、_____、_____、知识、_____。

（2）干系人映射分析和表现是一种利用不同方法对干系人进行分类的技术，常见的分类方法包括：_____、_____、_____、影响方向和_____等。

（3）作用影响方格主要是基于干系人的_____（权力）、对项目成果的关心程度（_____）、对项目成果的影响能力（_____）、改变项目计划或执行的能力，每一种方格都可用于对干系人进行分类。

（4）_____是作用影响方格的改良形式，它把作用影响方格中的要素组成三维模型，将干系人视为一个多维实体。

（5）凸显模型是通过评估干系人的_____、_____和_____，对干系人进行分类。

（6）影响方向分析法根据干系人对项目的影响方向对干系人进行分类，具体可分为：_____、_____、_____和_____。

知识点3 输出

（1）识别干系人过程的主要输出有_____、_____、项目管理计划更新、_____。

（2）干系人登记册记录关于_____的信息，主要包括身份信息、_____和干系人分类等。

第4节 规划干系人参与

知识点1 输入、工具与技术、输出

（1）规划干系人参与过程使用的项目管理计划组件主要包括_____、_____和_____等。

（2）干系人参与水平可分为如下几种：_____型、_____型、_____型、_____型。

（3）规划干系人参与过程的输出是_____。

第5节　管理干系人参与

知识点　基础知识、输入

管理干系人参与过程使用的项目管理计划组件主要包括：＿＿＿＿＿＿＿、风险管理计划、＿＿＿＿＿＿＿和＿＿＿＿＿＿＿等。

第6节　监督干系人参与

知识点　输入、工具与技术

（1）监督干系人参与过程使用的项目管理计划组件主要包括：资源管理计划、＿＿＿＿＿＿＿和＿＿＿＿＿＿＿等。

（2）适用于监督干系人参与过程的数据分析技术主要包括：＿＿＿＿＿＿＿、＿＿＿＿＿＿＿、＿＿＿＿＿＿＿。

（3）适用于监督干系人参与过程的沟通技能主要包括：＿＿＿＿＿＿＿、＿＿＿＿＿＿＿。

第18章
项目绩效域

知识体系构建

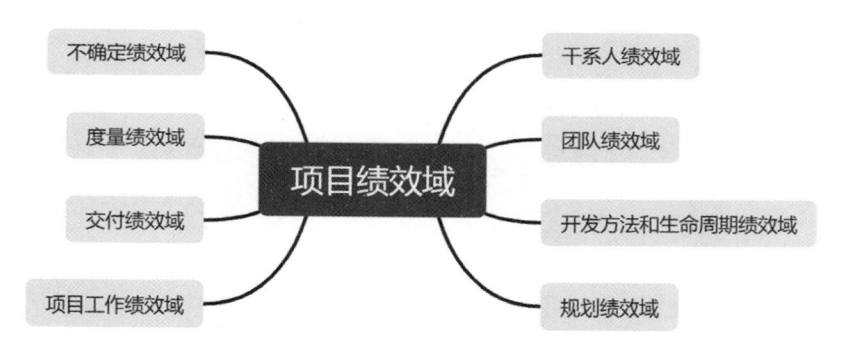

```
不确定绩效域          干系人绩效域
度量绩效域            团队绩效域
          项目绩效域
交付绩效域            开发方法和生命周期绩效域
项目工作绩效域        规划绩效域
```

全新考情点拨

根据考试大纲，本章知识点会涉及单项选择题和案例分析题以及论文写作，按以往全国计算机技术与软件专业技术资格（水平）考试的出题规律，单选题约占2~3分。本章内容属于基础知识范畴，考查的知识点多来源于教材，扩展内容较少。

干系人绩效域

知识点1 干系人绩效域

（1）干系人绩效域的绩效要点：_____。

（2）为了让干系人有效地参与，项目经理可带领项目团队按照所示步骤开展工作：

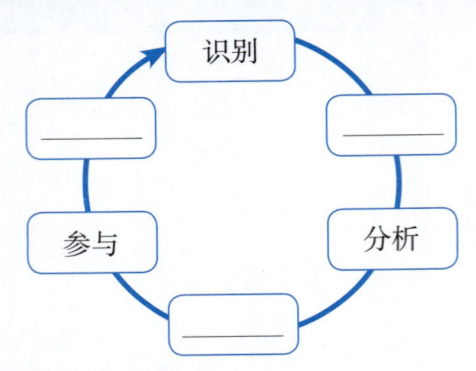

```
        识别
   _____    _____
参与                 分析
        _____
```

（3）干系人绩效域的预期目标和检查方法

预期目标	指标及检查方法
建立_____	_____：通过观察、记录方式，对干系人参与的连续性进行衡量
_____	_____：对项目范围、产品需求的大量变更或修改可能表明干系人没有参与进来或与项目目标不一致
提高_____，减少_____	干系人行为：干系人的行为可表明项目受益人是否对项目感到满意和表示支持，或者他们是否反对项目 干系人满意度：可通过调研、_____和_____，确定干系人满意度，判断干系人是否感到满意和表示支持，或者他们对项目及其可交付物是否表示反对 干系人相关问题和风险：对项目问题日志和风险登记册的审查可以识别与单个干系人有关的问题和风险

知识点2 团队绩效域

（1）团队绩效域的绩效要点：_____（主要包括透明、诚信、尊重、积极的讨论、支持、勇气和庆祝成功）；_____（采用方式有开诚布公的沟通、共识、共享责任、信任、协作、适应性、韧性、赋能、认可）；_____[主要特征和活动包括建立和维护愿景；批判性思维；激励；_____（情商、决策、冲突管理）]。

（2）团队绩效域的预期目标和检查方法：

预期目标	指标及检查方法
_____	目标和责任心：所有项目团队成员都了解愿景和目标。项目团队对项目的可交付物和项目成果承担责任
_____	信任与协作程度：项目团队彼此信任，相互协作 适应变化的能力：项目团队适应不断变化的情况，并在面对挑战时有韧性 彼此赋能：项目团队感到被赋能，同时项目团队对其成员赋能并认可
所有团队成员都展现出相应的_____和_____	管理和领导力风格适宜性：项目团队成员运用批判性思维和人际关系技能；项目团队成员的管理和领导力风格适合项目的背景和环境

（3）与领导力相关的特征包括：_____、_____、_____、_____。

知识点3　开发方法和生命周期绩效域

（1）开发方法和生命周期绩效域的绩效要点：_____（一次性、多次交付、定期交付和持续交付）；_____（是预测型方法、混合型方法和适应型方法）；_____（产品、服务或成果；项目；组织）；协调_____和_____。

（2）开发方法的三个类型：_____、_____、_____。

（3）开发方法和生命周期绩效域的预期目标和检查方法：

预期目标	指标及检查方法
_____与_____相符合	_____：采用适宜的开发方法（预测型、混合型或适应型），可交付物的产品变量比较高，变更成本相对较小
将_____与_____紧密联系	_____：按照价值导向将项目工作从启动到收尾划分为多个项目阶段，项目阶段中包括适当的退出标准
项目生命周期由促进交付节奏的项目阶段和产生项目交付物所需的开发方法组成	_____：如果项目具有多个可交付物，且交付节奏和开发方法不同，可将生命周期阶段进行重叠或重复

知识点4　规划绩效域

（1）规划绩效域的绩效要点包括：规划的影响因素；_____；项目团队的组成和结构规划；_____；实物资源规划；_____；变更规划；_____。

（2）规划绩效域的预期目标和检查方法：

预期目标	指标及检查方法
项目以_____、_____的方式推进	_____：对照项目基准和其他度量指标对项目结果进行绩效审查表明项目正在按计划进行，绩效偏差处于临界值范围内
_____	_____：交付进度、资金提供、资源可用性、采购等表明项目是以整体方式进行规划的，没有差距或不一致之处
_____	_____：与当前信息相比，可交付物和需求的初步信息是适当的、详尽的；与可行性研究与评估相比，当前信息表明项目可以生成预期的可交付物和成果
规划投入的时间成本是适当的	_____：项目计划和文件表明规划水平适合于项目
_____	规划的_____性：沟通管理计划和干系人信息表明沟通足以满足干系人的期望
可以根据_____进行调整	_____：采用待办事项列表的项目，在整个项目期间会对各个计划做出调整。采用变更控制过程的项目具有变更控制委员会，会议的变更日志和文档表明变更控制过程正在得到应用

知识点5 项目工作绩效域

（1）项目工作绩效域的绩效要点包括：_____；项目制约因素；专注于工作过程和能力；_____；管理实物资源；处理采购事宜；_____；学习与持续改进。

（2）项目工作绩效域的预期目标和检查方法：

预期目标	指标及检查方法
_____且_____的项目绩效	通过_____可以表明项目工作有效率且有效果
适合项目和环境的_____	证据表明，_____是为满足项目和环境的需要而裁剪的相关性和有效性
干系人适当的_____	_____有效性：项目沟通管理计划和沟通文件表明，所计划的信息与干系人进行了沟通，如有新的信息沟通需求或误解，可能表明干系人的沟通和参与活动缺乏成效
对_____进行了有效管理	资源利用率：所用材料的数量、抛弃的废料和返工量表明，资源正得到高效利用
对_____进行了有效管理	所采用的适当流程足以开展_____工作，而且承包商正在按计划开展工作

续表

预期目标	指标及检查方法
有效处理了_____	使用预测型方法的项目已建立变更日志，该日志表明，正在对变更做出全面评估，同时考虑了范围、进度、预算、资源、干系人和风险的影响；采用适应型方法的项目已建立待办事项列表，该列表显示完成范围的比率和增加新范围的比率
_____	团队绩效：团队状态报告表明错误和返工减少，而效率提高

知识点6　交付绩效域

（1）预期目标主要包含：①_____；②项目实现了预期成果；③_____；④项目团队对需求有清晰的理解；⑤_____。

（2）交付绩效域的绩效要点包括：_____；_____；_____。

知识点7　度量绩效域

（1）度量绩效域预期目标主要包含：①对项目状况充分理解；②_____；③_____；④能够基于预测和评估做出决策，实现目标并产生价值。

（2）度量绩效域的绩效要点包括：_____；_____；_____；_____；_____；_____。

知识点8　不确定绩效域

（1）不确定性绩效域预期目标主要包含：①了解项目的_____，包括_____、_____、_____、_____和_____等；②积极_____、_____和_____；③了解项目中_____；④能够对_____进行预测，了解_____；⑤最小化_____；⑥能够利用机会_____；⑦有效利用_____，_____等。

（2）不确定性绩效域的绩效要点包括：_____；_____；_____；_____。

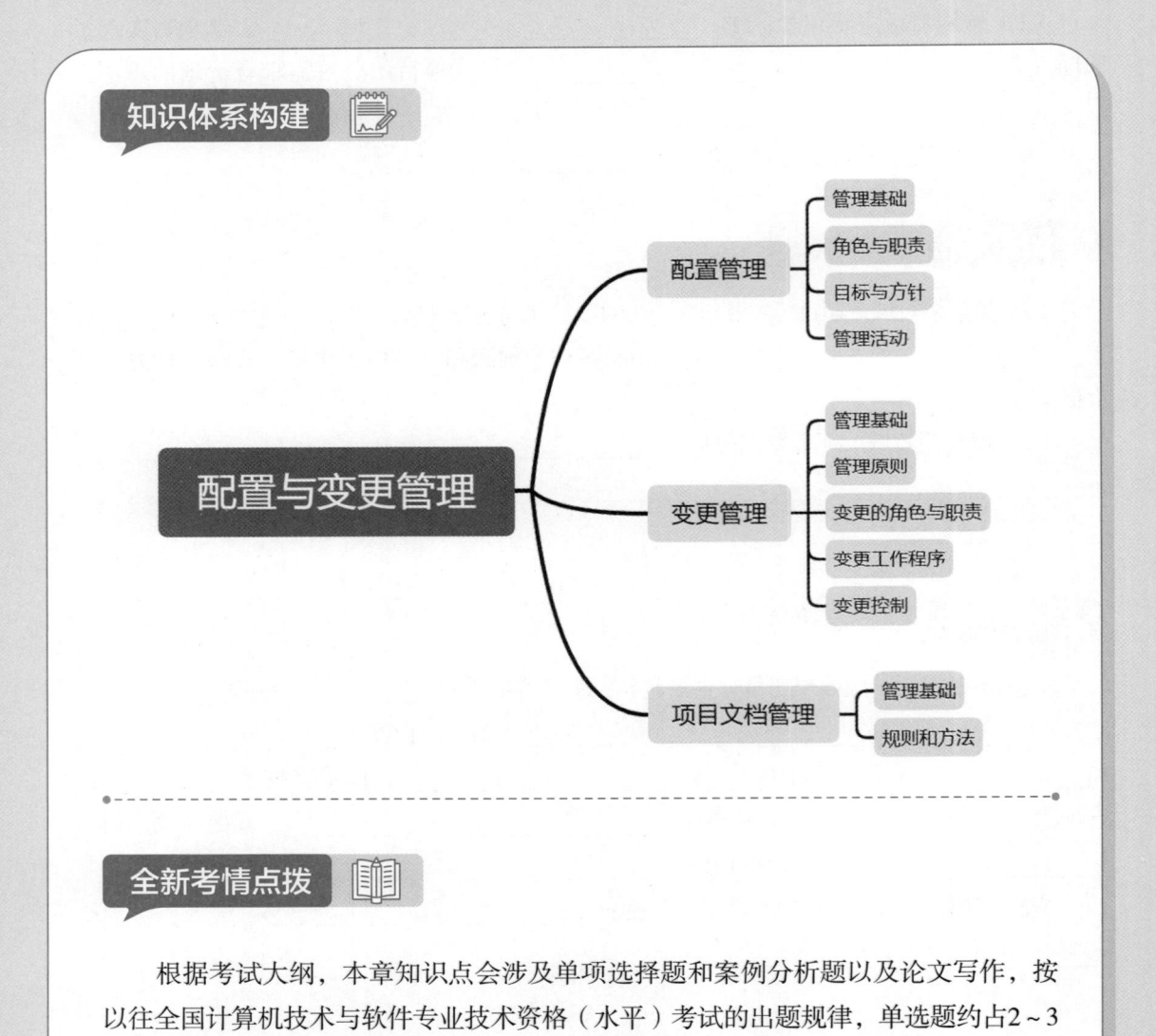

第19章
配置与变更管理

知识体系构建

```
                         ┌─ 管理基础
              ┌─ 配置管理 ─┼─ 角色与职责
              │          ├─ 目标与方针
              │          └─ 管理活动
              │
              │          ┌─ 管理基础
              │          ├─ 管理原则
配置与变更管理 ─┼─ 变更管理 ─┼─ 变更的角色与职责
              │          ├─ 变更工作程序
              │          └─ 变更控制
              │
              └─ 项目文档管理 ┬─ 管理基础
                            └─ 规则和方法
```

全新考情点拨

根据考试大纲，本章知识点会涉及单项选择题和案例分析题以及论文写作，按以往全国计算机技术与软件专业技术资格（水平）考试的出题规律，单选题约占2~3分。本章内容属于基础知识范畴，考查的知识点多来源于教材，扩展内容较少。

第1节　配置管理

知识点1　管理基础

1. 配置项

（1）配置管理是为了系统地控制配置变更，在信息系统项目的整个生命周期中维持配置的_____和_____。

（2）配置项可以分为_____和_____。

（3）_____可能包括所有的设计文档和源程序等。

（4）_____可能包括项目的各类计划和报告等。

（5）所有配置项的操作权限应由_____严格管理。

（6）基本原则是：基线配置项向_____开放_____的权限；_____向项目经理、CCB及相关人员开放。

2. 配置项的状态

（1）配置项的状态：_____、_____、_____。

（2）配置项刚建立时，其状态为_____。

（3）配置项通过评审后，其状态变为_____；此后若更改配置项，则其状态变为_____。当配置项修改完毕并重新通过评审时，其状态又变为_____。

3. 配置项版本号

（1）处于_____状态的配置项的版本号格式为0.YZ，YZ的数字范围为01～99。

（2）处于_____状态的配置项的版本号格式为X.Y，配置项第一次成为"正式"文件时，版本号为_____。

（3）处于_____状态的配置项的版本号格式为X.YZ，配置项正在修改时，一般只增大Z值，X.Y值保持不变，当配置项修改完毕，状态成为"正式"时，将Z值设置为0，增加X.Y值。

4. 配置项版本管理

对配置项的任何修改都将产生新的版本。同时_____。

5. 配置基线

（1）对基线的变更必须_____。

（2）一个项目可以有多条基线，也可以只有一条基线交付给_____使用的基线一般称为_____，内部过程使用的基线一般称为_____。

6. 配置库

（1）配置库可以分为_____、_____、_____三种类型。

（2）_____也称动态库、程序员库或工作库，用于保存开发人员当前正在开发的配置实体。动态库是开发人员的个人工作区，由_____自行控制，无须对其进行配置控制。

（3）_____也称主库，包含当前的基线加上对基线的变更。受控库中的配置项被置于完全的配置管理之下。在信息系统开发的某个阶段工作结束时，将当前的工作产品存入受控库。

（4）_____也称静态库、发行库、软件仓库，包含已发布使用的各种基线的存档，被置于完全的配置管理之下。在开发的信息系统产品完成系统测试之后，作为_____存入_____内，等待交付用户或现场安装。

知识点2　角色与职责

1. 配置管理负责人

配置管理负责人也称配置经理，负责管理和决策整个项目生命周期中的配置活动，具体有：

①管理_____，包括计划、识别、控制、审计和回顾；
②负责_____；
③通过审计过程确保配置管理数据库的准确和真实；
④审批配置库或配置管理数据库的结构性变更；
⑤定义_____；
⑥指派_____；
⑦定义配置管理数据库范围、配置项属性、配置项之间关系和配置项状态；
⑧评估配置管理过程并持续改进；
⑨参与变更管理过程评估；
⑩对项目成员进行配置管理培训。

2. 配置管理员

配置管理员负责在整个项目生命周期中进行配置管理的主要实施活动，具体有：

①建立和维护配置管理系统；
②建立和维护配置库或配置管理数据库；
③_____；
④_____；
⑤_____；

⑥_____；
⑦_____；
⑧_____。

3. 配置项负责人

配置项负责人确保所负责的配置项的准确和真实：

①记录所负责_____；

②_____；

③调查审计中发现的_____，完成差异报告；

④遵从配置管理过程；

⑤参与配置管理过程评估。

知识点3　目标与方针

配置管理关键成功因素

①_____配置项应该_____；

②配置项应该_____；

③_____配置项要_____；

④应该定期对配置库或配置管理数据库中的配置项信息进行_____；

⑤每个配置项在建立后，应有_____负责；

⑥要关注配置项的变化情况；

⑦应该定期对配置管理进行回顾；

⑧能够与项目的其他管理活动进行关联。

知识点4　管理活动

1. 配置管理日常活动

配置管理的日常管理活动主要包括：_____、_____、_____、_____、_____等。

2. 配置项控制流程

（1）_____。

（2）_____。_____负责组织对变更申请进行评估，决定是否接受变更，并将决定通知相关人员。

（3）_____。

（4）_____。
（5）_____。
（6）变更的发布。_____将变更后的配置项纳入基线。
（7）基于配置库的变更控制。

3. 基于配置库的变更控制流程

①将待升级的基线从_____中取出，放入_____。

②程序员将欲修改的代码段从_____中检出（Check out），放入自己的_____中进行修改。代码被检出后即被"_____"，以保证同一段代码只能同时被一个程序员修改，如果甲正在对其修改，乙就无法将其检出。

③程序员将开发库中修改好的代码段_____（Check in）_____。代码检入后，代码的"锁定"被解除，其他程序员就可以检出该段代码了。

④软件产品的升级修改工作全部完成后，将受控库中的新基线存入_____中（版本号更新，旧版本_____）。

4. 配置审计

（1）_____：审计配置项的_____（配置项的实际功效是否与其需求一致）。

具体验证主要包括：①配置项的开发已_____；②配置项已达到配置标识中规定的性能和功能特征；③配置项的操作和支持文档已完成并且是_____的等。

（2）_____：审计配置项的_____（配置项的物理存在是否与预期一致）。

具体验证主要包括：①要交付的配置项_____；②配置项中_____了所有必需的项目等。

第2节　变更管理

知识点1　管理基础

变更的分类

根据变更性质可分为_____、_____和_____，通过_____进行控制。

知识点2 管理原则

变更管理的原则

变更管理的原则是_____、变更管理过程_____。

知识点3 变更的角色与职责

1. 项目经理

项目经理在变更中的作用是：

_____；

_____及应对方案；

将需求由_____转化为_____，供授权人决策；

并据评审结果实施（即_____），确保项目基准反映项目实施情况。

2. 变更管理负责人

变更管理负责人也称变更经理，通常是变更管理过程_____的负责人。

知识点4 变更工作程序

变更的工作程序

（1）_____。变更提出应当及时以正式方式进行，并留下_____。变更的提出可以_____，但在评估前应以_____提出。一般_____或者项目配置管理员负责该相关信息的收集，以及对变更申请的初审。

（2）_____。常见方式为_____的审核流转。

（3）_____。

（4）_____。通常采用文档、会签形式、正式会议形式。

（5）_____。

（6）_____。通常由_____负责基准的监控。_____监控变更明确的主要成果、进度里程碑。

（7）_____。

（8）_____。

知识点5 变更控制

（1）在变更类型控制中，需重点关注_____变更控制、_____变更控制和

_____变更控制。

（2）处理紧急变更的程序在需要时_____。

第3节　项目文档管理

知识点1　管理基础

信息系统文档的分类

（1）_____描述开发过程本身。包括：可行性研究报告和项目任务书、需求规格说明、功能规格说明、设计规格说明（包括程序和数据规格说明）、开发计划、软件集成和测试计划、质量保证计划、安全和测试信息。

（2）_____描述开发过程的产物。包括：培训手册、参考手册和用户指南、软件支持手册、产品手册和广告。

（3）_____记录项目管理的信息，如开发过程的每个阶段的进度和进度变更的记录；软件变更情况的记录；开发团队的职责定义、项目计划、项目阶段报告；配置管理计划。

知识点2　规则和方法

文档的规范化管理主要体现在_____、_____、_____和_____等几个方面。

第20章
高级项目管理

知识体系构建

```
                    ┌── 管理基础
                    ├── 量化管理理论及应用
         量化项目管理 ┼── 组织级量化管理
                    └── 项目级量化管理

                           ┌── 项目集定义
                   项目集管理┼── 项目集管理角色和职责
                           └── 项目集管理绩效域

高级项目管理                 ┌── 项目组合定义
                  项目组合管理┤
                           └── 项目组合管理绩效域

                           ┌── 组织级项目管理框架
                组织级项目管理┤
                           └── 组织级项目成熟度模型

         ┌── CMMI模型
项目管理实践模型┤
         └── PRINCE2模型
```

全新考情点拨

根据考试大纲，本章知识点会涉及单项选择题和案例分析题以及论文写作，按以往全国计算机技术与软件专业技术资格（水平）考试的出题规律，单选题约占2~4分。本章内容属于基础知识范畴，考查的知识点多来源于教材，扩展内容较少。

第1节　项目集管理

知识点1　项目集定义

项目集定义：项目集是一组_____且_____的项目、子项目集和项目集活动，目的是_____。

知识点2　项目集管理角色和职责

（1）_____负责承诺将组织的资源应用于项目集，并致力于使项目集取得成功的人，在指导组织和投资决策方面发挥着重要作用，并为相关组织的项目集的成功做出贡献。

（2）_____是由执行组织授权，组建并带领团队实现项目集目标的人员。项目集经理对项目集的管理、实施和绩效负责。

（3）_____通常由个人或集体认可的、具备组织洞察力和决策权的高层管理者组成。

知识点3　项目集管理绩效域

在项目集过程活动或职能中，分为5个项目集管理绩效域。

（1）_____：识别项目集输出和成果，以便与组织的目标和目的保持一致的绩效域。

（2）_____：定义、创建、最大化和交付项目集所提供效益的绩效域。

（3）_____：识别和分析干系人需求、管理期望和沟通，以促进干系人认同和支持的绩效域。

（4）_____：实现和执行项目集决策，为支持项目集而制定实践，并维护项目集监督的绩效域。

（5）项目集生命周期分为3个主要阶段：项目集_____阶段、项目集_____阶段和项目集_____阶段。

第2节　项目组合管理

知识点1　项目组合定义

项目组合是指为实现_____而组合在一起管理的项目、项目集、子项目组合和运营工作。项目组合中的项目集或项目_____存在彼此依赖或直接相关的关联关系。

知识点2　项目组合管理绩效域

1. 项目组合管理绩效域构成

项目组合管理绩效域代表了一系列良好实践，包括_____、_____、_____、_____、_____、_____。

2. 项目组合生命周期

项目组合生命周期四个阶段：_____、_____、_____、_____。

3. 项目组合产能与能力管理

（1）项目组合产能与能力管理：是以一系列指导原则为基础建立的综合框架，包括以一系列的工具与实践来识别、分配和优化资源，以便在项目组合实施中、_____、_____。

（2）产能主要涉及4个类别：①_____；②_____；③_____；④_____。

（3）产能管理主要涉及：①_____；②_____；③_____。

4. 项目组合干系人参与

干系人参与和沟通的关键迭代步骤包括：_____、_____、_____、_____。

5. 项目组合价值管理

高效的项目组合价值管理需要的关键活动主要包括：_____、_____、_____、_____、_____等。

6. 项目组合风险管理

项目组合风险管理4个关键要素：_____、_____、_____、_____。

第3节　组织级项目管理

知识点1　组织级项目管理框架

组织级项目管理（OPM）框架描述了提供持续支持所需的要素。

OPM框架的关键要素包括：_____、_____、_____、_____。

知识点2　组织级项目成熟度模型

（1）级别1：_____。项目绩效_____。项目管理极不稳定，高度依赖于执行工作的人员的经验和能力。存在的OPM流程是临时的或无序的。

（2）级别2：_____。根据行业_____，在项目或职能层级上计划、执行、监督和控制项目。但是OPM流程和实践并非从组织角度统一应用或管理，并且可能存在项目差异。

（3）级别3：_____。项目管理是_____，组织项目绩效是_____。项目团队遵循组织建立的OPM流程，这些流程可裁剪。OPM流程在组织上是标准化的、可测量的、可控制的，并可由组织进行分析，以监控OPM流程绩效。

（4）级别4：_____。组织中的项目管理决策和流程管理是由_____驱动的。OPM流程绩效的管理方式能够实现_____改进目标。

（5）级别5：_____。组织稳定且专注于持续改进。在优化的组织中，已建立了有效的持续改进，以及一系列测量和度量指标。项目集和项目的成功率很高，项目组合经过优化以确保业务价值。

第4节　量化项目管理

知识点1　管理基础

（1）量化管理是指以_____为基础，用_____或其他量化的方法来分析和研究事物的运行状态和性能，对_____及操作流程进行管理监控，以求对事物存在和发展的规模、程度等做出精确的数字描述和科学控制，实施标准化操作的管理模式。

（2）量化管理理论是一种从_____出发，使用_____、_____的手段进行组织管理体系的设计并为具体工作建立工作标准的理论。

知识点2　量化管理理论及应用

1. 量化管理理论

（1）量化管理的基础之一是科学管理理论。
科学管理的五大原则由美国工程师和管理学家弗雷德里克·温斯洛·泰勒提出：
① _____；
② _____；
③ _____；
④ _____；
⑤ _____。

（2）量化管理理论在很多方面吸收了科学管理的管理理念，包括：
① _____；
② _____；
③ _____。

2. 统计过程控制

（1）统计过程控制是一种_____方法，强调_____。

（2）统计过程控制强调_____，重点在于_____：包括流程、工具、方法和人员。

（3）统计过程控制使用的控制图基于_____的原理。

3. 量化管理应用

（1）六西格玛是一种改善组织质量流程管理的技术，强调"_____"的_____

和_____，其代表特征是_____、_____。

（2）六西格玛认为业务流程改进遵循5步循环改进法，即DMAIC模式：
①_____；②_____；③_____；④_____；⑤_____。

（3）CMMI即能力成熟度模型集成。该模型将组织的管理成熟度共划分_____个级别。

（4）高成熟度组织的主要特征包括：
①建立量化的_____；
②建立过程能力_____；
③建立目标的_____；
④建立基于量化的_____。

知识点3　组织级量化管理

定义组织量化过程性能目标

目标定义过程中可应用SMART（S=Specific、M=Measurable、A=Attainable、R=Relevant、T=Time-bound）原则检验目标是否合适。

（1）在项目过程中，技术过程可大致分为两类：_____和_____。

（2）需求开发、软件设计、编码实现、产品集成等活动均为_____，此类活动在整个项目中所占工作量相对_____，对生产率或项目工期的影响_____；

（3）技术评审、代码走查和测试类活动为_____，此类活动重点关注_____，对交付质量的影响相对更大。

（4）量化管理使用到的技术通常包括：_____、过程性能模型、_____、_____、_____、置信区间或预测区间、_____、_____、和_____等。

（5）数据质量审查方式：包括_____、_____、_____等方式。

（6）建立过程性能基线的步骤主要包括：_____、_____、_____、发布和维护过程性能基线。

知识点4　项目级量化管理

项目级量化管理的内容

项目级量化管理包括：
①_____；

②_____；
③_____；
④_____。

第5节　项目管理实践模型

知识点1　CMMI模型

1. CMMI模型实践

CMMI分为4大能力域类别：_____、_____、_____、_____。

2. CMMI级别与表示方法

CMMI共划分了5个成熟度级别：

（1）_____：各个实践域的活动应该能够在组织中得到基本的执行。

（2）_____：组织在项目实施上能够遵守项目团队既定的工作计划与流程，能够实现相应的管理，对整个流程进行监测与控制。

（3）_____：组织能够根据自身的情况定义适用于自身的标准过程，将这套管理体系与流程实现制度化。同时，要求组织能够建立过程资产并得到有效复用。

（4）_____：组织的管理实现了量化，实现了可预测。降低项目在过程能力和质量上的波动。

（5）_____：组织能够主动地改进标准过程，运用新技术和方法实现流程的持续优化。

3. 基于CMMI的过程改进

（1）组织基于CMMI的改进工作主要包括：

①_____；②_____；③_____；④导入培训和过程定义；⑤_____。

（2）CMMI V2.0有3种评估方法：_____、_____、_____。

知识点2　PRINCE2模型

（1）PRINCE2结构包括_____、_____、_____和_____。

（2）PRINCE2的7个原则：

①_____；②_____；③_____；

④_____；⑤_____；⑥_____；
⑦_____。
（3）PRINCE2的7个主题：
①_____；②_____；③_____；④_____；⑤_____；
⑥_____；⑦_____。
（4）PRINCE2是一种基于_____的项目管理方法。

第21章
项目管理科学基础

知识体系构建

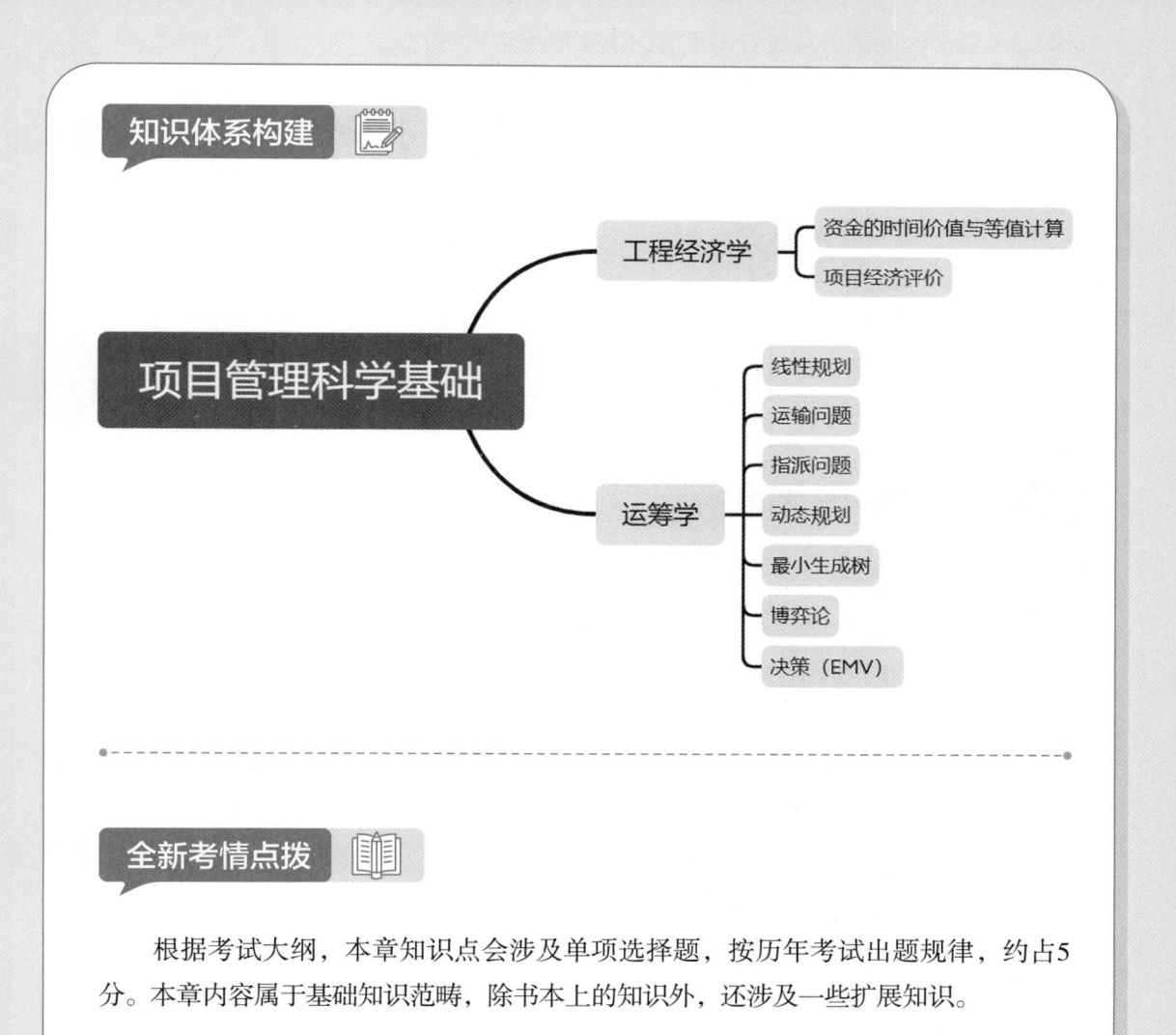

项目管理科学基础
- 工程经济学
  - 资金的时间价值与等值计算
  - 项目经济评价
- 运筹学
  - 线性规划
  - 运输问题
  - 指派问题
  - 动态规划
  - 最小生成树
  - 博弈论
  - 决策（EMV）

全新考情点拨

根据考试大纲，本章知识点会涉及单项选择题，按历年考试出题规律，约占5分。本章内容属于基础知识范畴，除书本上的知识外，还涉及一些扩展知识。

第1节　工程经济学

知识点1　资金的时间价值与等值计算

1. 资金的时间价值与等值计算的概念

（1）资金的时间价值是指不同时间发生的＿＿＿＿在＿＿＿＿上的差别。

（2）＿＿＿＿和＿＿＿＿是资金时间价值的两种表现形式。

（3）资金时间价值从投资角度看，主要取决于＿＿＿＿、＿＿＿＿和＿＿＿＿。

（4）＿＿＿＿是指在时间因素的作用下，在不同的时期（时点），绝对值不等的资金具有相等的价值。

2. 利息、利率及其计算

（1）本利和的计算公式为：＿＿＿＿。

（2）利率的计算公式为：＿＿＿＿。

（3）单利计息的计算公式为：＿＿＿＿。

（4）复利计息的计算公式为：＿＿＿＿。

知识点2　项目经济评价

1. 静态评价方法

（1）静态投资回收期的计算公式为：＿＿＿＿。

（2）静态投资回收期亦可根据全部投资的财务现金流量表中的累计净现金流量计算求得，其计算公式为：＿＿＿＿。

（3）用投资回收期评价投资项目时，需要与根据同类项目的历史数据和投资者意愿确定的基准投资回收期进行比较。设基准投资回收期为P_c，判别准则：若$P_t \leq P_c$，则项目＿＿＿＿；若$P_t > P_c$，则项目＿＿＿＿。

（4）静态投资回收期指标的优点包括：①概念清晰，反映问题直观，＿＿＿＿；②能反映项目的风险大小。为了减少这种风险，＿＿＿＿。

（5）静态投资回收期指标的缺点包括：①没有反映资金的＿＿＿＿；②＿＿＿＿项目在寿命期内的＿＿＿＿，难以对不同方案的比较选择提供有力支撑。

（6）总投资收益率（ROI）的计算公式为：
_____

（7）用投资收益率指标评价投资方案的经济效果，需要与同类项目的历史数据及投资者意愿等确定的基准投资收益率（R_b）做比较，判别准则为：若ROI≥R_b，则项目_____；若ROI<R_b，则项目_____。

2.动态评价方法

（1）投资方案的净现值是指用一个预定的基准收益率（或设定的折现率）i_0分别将整个计算期内各年所发生的净现金流量都折现到投资方案开始实施时的现值之和。计算公式为：
_____。

（2）为了考查资金的利用效率，可采用净现值率作为净现值的补充指标。净现值率是按基准折现率求得的，净现值率的计算公式为：
_____。

（3）净现值率法的判别准则如下：
当NPVR≥0时，_____；当NPVR<0时，_____。

（4）动态投资回收期的计算公式为：
_____。

（5）动态投资回收期也可用项目财务现金流量表中的累计净现金流量计算求得，其计算公式为：
_____。

（6）设基准动态投资回收期为P_d，判别准则为：若P_d≤P_b（静态投资回收期），项目_____；若P_d>P_b则项目_____。

（7）内部收益率是指项目在计算期内各年净现金流量现值累计值（净现值）等于零时的折现率。内部收益率公式为：
_____。

（8）内部收益率的判别准则：求得的内部收益率IRR要与项目的基准收益率相比较，当IRR≥i_0时，表明_____；当IRR<i_0时，表明项目_____。

（9）【例题】项目经理制定了项目资产负债表（如表21-1所示，单位：元），假如贴现率为10%。该项目的静态投资回收期为（_____）年，动态投资回收期为（_____）年（保留1位小数）。

表21-1　资产负债表

项目年度	0	1	2	3	4	5
支出	35000	1000	1500	2000	1000	2000
收入		20000	10000	12000	15000	20000

（1）A. 2　　　　　　B. 2.4　　　　　　C. 2.75　　　　　　D. 3
（2）A. 3.2　　　　　B. 3.3　　　　　　C. 3.5　　　　　　 D. 3.6

第2节　运筹学

知识点1　线性规划

（1）线性规划主要研究和解决以下两类问题：

一是在有限资源（人力、物力、财力）的条件下，如何制订一个最优的经营方案，以取得_____；

二是在任务确定的前提下，怎样合理安排，统筹规划，使完成该项任务_____。

（2）【例题】某工厂计划生产甲、乙两种产品。生产每套产品所需的设备台时，A、B两种原材料，可获取的利润以及可利用资源数量见表21-2，则应按（_____）方案来安排计划以使该工厂获利最多。

表21-2　设备、原材料资源表

	甲	乙	可利用资源
设备/台时	2	3	14
原材料A/千克	8	0	16
原材料B/千克	0	3	12
利润/万元	2	3	

A. 生产甲2套，乙3套　　　　B. 生产甲1套，乙4套
C. 生产甲3套，乙4套　　　　D. 生产甲4套，乙2套

知识点2　运输问题

（1）一般的运输问题就是要解决以下问题：把某种产品从若干个产地调运到若干个销地，在每个产地的供应量与每个销地的需求量已知，并知道各地之间的运输单价的前提下，如何确定一个使得_____的方案。

（2）【例题】假设某产品有三个产地A1、A2、A3，四个销地B1、B2、B3、B4，其供应量、需求量和单位产品运价见表21-3。试求使总运费最低的运输方案。

表 21-3　单位产品运价

产地	销地				供应量
	B1	B2	B3	B4	
A1	2	3	2	1	3
A2	10	8	5	4	7
A3	7	6	6	8	5
需求量	4	3	4	4	

知识点3　指派问题

（1）所谓指派问题是指这样一类问题：有n项任务，恰好有n个人可以分别去完成其中任何一项，由于任务的性质和每个人的技术专长各不相同，因此，各人去完成不同任务的效率也不一样。于是提出如下问题：应当指派哪个人去完成哪项任务，才能使_____？

（2）【例题】某项目有I、II、III、IV四项不同的任务，恰有甲、乙、丙、丁4个人去完成各项不同的任务。由于任务性质及每个人的技术水平不同，他们完成各项任务所需的时间也不同，具体见表21-4。项目要求每个人只能完成一项任务，应如何安排才能使项目花费的总时间最短？花费的总时间最短为多少小时？

表 21-4　完成任务情况　　　　　　　　　　　　　　　　　　单位：小时

完成人	任务			
	I	II	III	IV
甲	2	15	13	4
乙	10	4	14	15
丙	9	14	16	13
丁	7	8	11	9

知识点4　动态规划

（1）动态规划法是决策分析中的一种常用方法，是解决多阶段决策过程问题的一种最优化方法。所谓多阶段决策过程就是将问题分成若干个相互联系的阶段，每个阶段都作出决策，从而使_____。

（2）【例题1】下图中，从A到E的最短长度是（_____）（图中每条边旁的数字为该条边的长度）。

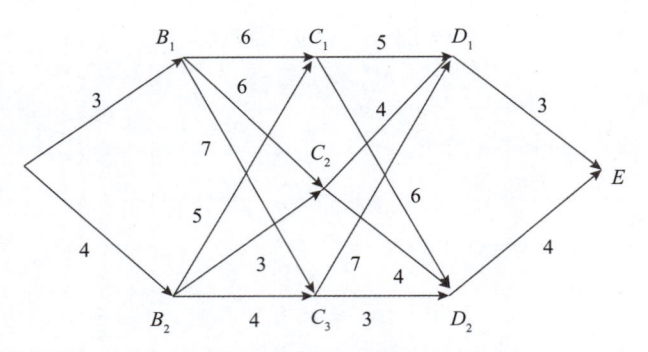

（3）【例题2】某公司计划将500万元研发经费投入3个研究方向，各方向投入金额和未来能获得的利润见表21-5，为获得最大利润，公司在方向A、B、C分别应投入（_____）万元。

表21-5 研发经费投入情况　　　　　　　　　　　　　　单位：万元

投资额	方向A	方向B	方向C
0	0	0	0
100	200	500	400
200	600	800	700
300	1000	900	900
400	1300	1200	1100
500	1800	1600	1100

知识点5　最小生成树

在连通的带权图的所有生成树中，权值和最小的那棵生成树（包含图中所有顶点的树）称作最小生成树。一个有N个节点的连通图的生成树是原图的极小连通子图，且包含原图中的所有N个节点，并且有保持图连通的最少的边。

【例题】下图为某地区的通信线路图，图中节点为8个城市，节点间标识的数字为城市间拟铺设通信线路的长度（单位为km），为了保持8个城市通信连接，则至少铺设（_____）km的线路。

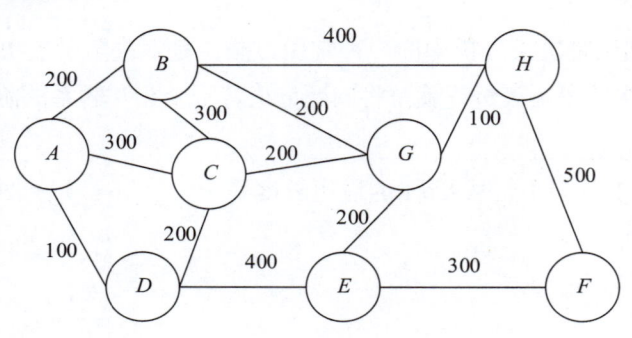

知识点6 博弈论

博弈论也称对策论，是研究利益冲突情况下决策主体理性行为的选择和决策分析的理论，即研究理性的决策者之间冲突与合作的理论，是"交互的决策论"。博弈论是一门研究竞争局势的数学理论。以该理论为基础可以进一步分析和研究各种竞争现象，为决策奠定理论基础和方法依据。

【例题】甲乙乒乓球队进行团体对抗赛，每队由3名球员组成，双方都可排成3种不同的阵容，每一种阵容可以看成一种策略，双方各选一种策略参赛。比赛共赛三局，规定每局胜者得1分，输者得-1分，可知三赛三胜得3分，三赛二胜得1分，三赛一胜得-1分，三赛三负得-3分，甲队的策略集为$S_1=\{\alpha_1, \alpha_2, \alpha_3\}$，乙队的策略集为$S_2=\{\beta_1, \beta_2, \beta_3\}$，根据以往比赛得分资料，可得甲队的赢得矩阵为$A$。试问这次比赛各队采用哪种阵容上场最为稳妥。

$$A = \begin{cases} 1 & 1 & 1 \\ 1 & -1 & -3 \\ 3 & -1 & 3 \end{cases}$$

知识点7 决策（EMV）

决策就是为了达到一定的目标，采用一定的科学方法和手段，从两个以上的方案中选择一个满意方案的分析判断过程。它的研究对象是决策，它的研究目的是帮助人们提高决策质量，减少决策的时间和成本。最常用的解题技术是EMV。它利用了概率论的原理，并且利用一种树形图作为分析工具。其基本原理是用决策点代表决策问题，用方案分支代表可供选择的方案，用概率分支代表方案可能出现的各种结果，经过对各种方案在各种结果条件下损益值的计算比较，为决策者提供决策依据。

【例题】某工厂计划根据市场需求调整ERP系统，经初步估算形成以下决策路线，按照决策树分析计算，以下结论正确的是（＿＿＿＿＿）。

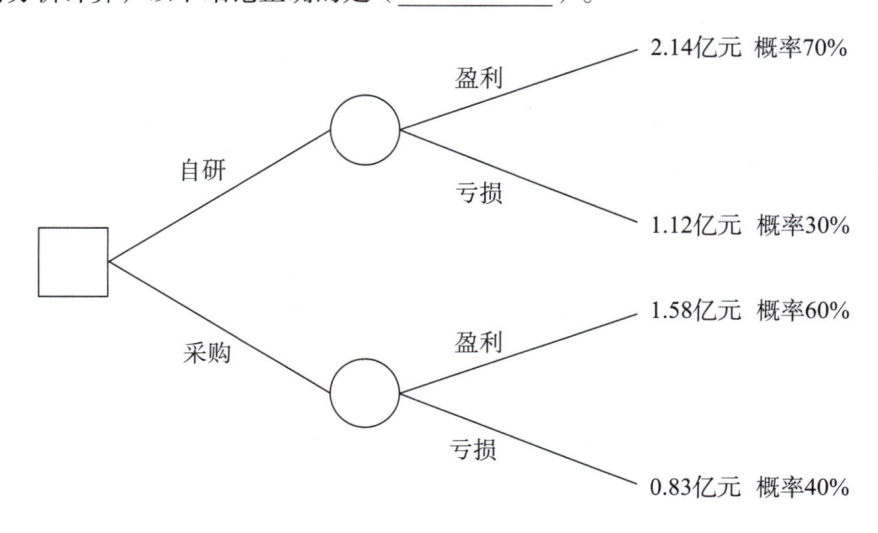

自研
- 盈利 2.14亿元 概率70%
- 亏损 1.12亿元 概率30%

采购
- 盈利 1.58亿元 概率60%
- 亏损 0.83亿元 概率40%

A. 自研的加权平均值为1.162亿元，采购的加权平均值为1.211亿元，因此选择采购
B. 自研的加权平均值为1.162亿元，采购的加权平均值为0.616亿元，因此选择自研
C. 自研的加权平均值为1.581亿元，采购的加权平均值为0.881亿元，因此选择自研
D. 采购与自研的加权平均值相当，都可以选择

第22章
组织通用治理

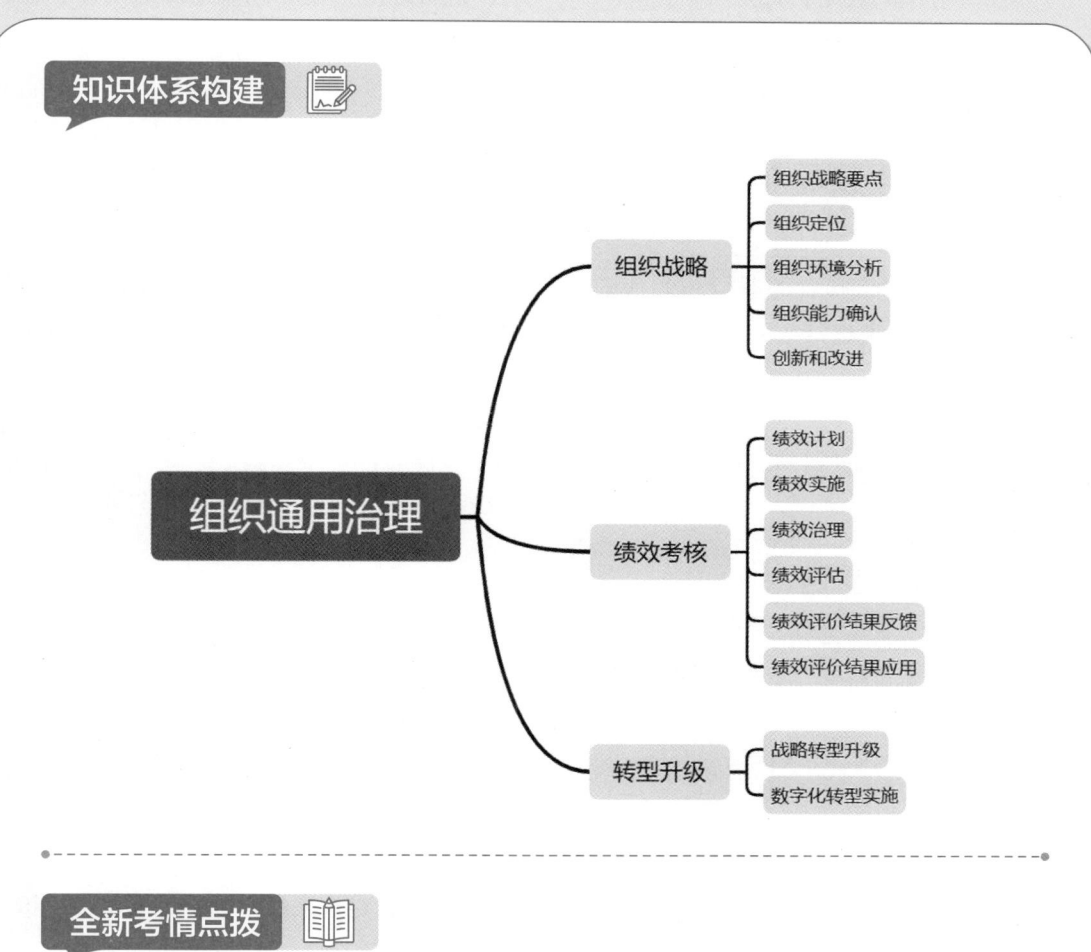

知识体系构建

组织通用治理
- 组织战略
  - 组织战略要点
  - 组织定位
  - 组织环境分析
  - 组织能力确认
  - 创新和改进
- 绩效考核
  - 绩效计划
  - 绩效实施
  - 绩效治理
  - 绩效评估
  - 绩效评价结果反馈
  - 绩效评价结果应用
- 转型升级
  - 战略转型升级
  - 数字化转型实施

全新考情点拨

根据考试大纲，本章知识点会涉及单项选择题，约占1~2分。本章内容属于基础知识范畴，考查的知识点多来源于教材，扩展内容较少。

第1节　组织战略

知识点1　组织战略要点

1.战略目标
（1）战略目标是组织在一定的战略期内总体发展的_____和_____。它决定了组织在该战略期间的总体发展的_____，是组织战略的核心。

（2）组织的战略目标是_____的，包含经济性目标和非经济性目标，也包含定量目标和定性目标。

2.常见的组织总体战略类型
（1）_____：是指组织从现有战略基础水平上向更高一级的目标发展的战略。

（2）_____：是指组织由于其运行环境和内部条件的限制，在整个战略期内基本保持战略起点的运行绩效范围和水平的一种战略。这是一种风险相对较低的战略。当组织较为满意过去的运行绩效和方法，选择延续基本相同的产品和服务时，可以采取这类战略。

（3）_____：是指组织从当前战略运行领域和基础水平收缩和撤退，与战略起点偏离较大的一种运行战略。紧缩型战略是一种消极的发展战略，一般作为短期性的过渡战略。

3.组织战略的特性
（1）_____：确定了组织的战略目标，规范和指导其运行管理活动。

（2）_____：组织战略着眼于组织的未来，从长远利益出发。

（3）_____：组织战略是组织运行的行动纲领。

（4）_____：组织战略规定了一定时期内组织的基本发展目标及实现该目标的路线和途径。

（5）_____：通过制定和实施适合组织的有效战略，保持核心竞争力。

（6）_____：组织战略是通过当前信息分析，对未来做出的一种预测性决策。因此组织战略具有不确定性和风险性。

（7）_____：战略是长远的规划，实现战略目标需要比较长的时间，因此要保持相对稳定。但组织的战略也可进行调整和修正。

知识点2　组织定位

1.组织愿景

组织愿景是在汇集组织每个员工个人心愿的基础上形成的_____的美好愿景，描述了组织发展的目标和对如何达到目标的理性认知。

2.组织使命

组织使命是管理者为组织确定的较长时期的业务发展的_____、_____、_____和_____。体现了组织的宗旨、核心价值观和未来方向。

3.组织文化

（1）组织文化是组织发展过程中凸显的精神特质与内涵，是组织_____于其他组织的_____。组织文化是组织_____的体现之一，是组织发展的_____。

（2）组织文化有两个基本特征：①组织文化具有浓厚的_____和良好的_____；②组织文化为日常工作提供了具体的_____。

知识点3　组织环境分析

常用的组织成功关键因素分析方法有_____和_____等。

知识点4　组织能力确认

1.基本能力

（1）_____。
（2）_____。
（3）_____。
（4）_____。

2.人才战略

人才发现的基本条件包括：树立_____之心、提高_____之能、具备_____之胆、掌握_____之法。

3.产品和服务战略

组织的产品和服务战略的类型通常可以分为：_____、_____和_____。

知识点5　创新和改进

组织战略必须具备_____。

第2节　绩效考核

知识点1　绩效计划

1.绩效计划的含义

（1）绩效计划的设计从_____，将绩效目标_____到各级的下一级组织，最终落实到_____。

（2）_____是绩效管理体系的第一个_____，是实施绩效管理的_____。

2.绩效计划制订的原则

绩效计划制订的原则包括：_____、_____、_____、_____、_____、_____和_____等。

3.绩效计划的内容

（1）作为绩效管理期间的行动总则，绩效计划包括3方面的要素：_____、_____和_____。

（2）绩效计划按照计划主体分为：_____、_____与_____。

（3）绩效计划按时间可分为：_____、_____与_____。

（4）绩效目标由_____和_____组成。

（5）组织管理者不是用绩效目标来_____员工，而是用它们来_____员工。

（6）_____为员工的工作任务指明了方向和范围，明确了员工在绩效考核期间应当完成的工作任务，它包括_____和_____两个部分。

（7）绩效项目一般包括3项：_____、_____和_____，这是对员工进行绩效考核的具体内容。

知识点2 绩效实施

1.绩效实施3大关键点

_____；_____；_____。

2.绩效实施的主要特征

（1）绩效实施是一个_____的过程。

（2）绩效实施的核心是_____。

（3）绩效实施结果为_____提供_____。

3.绩效实施的具体内容

一是_____；

二是_____。

知识点3 绩效治理

1.绩效治理的8个步骤

① _____。

② _____。

③ _____。一个职位的关键考核指标一般_____条为宜。

④ _____。

⑤ _____。

⑥ _____。

⑦ _____。这是绩效治理的_____。

⑧ _____。

知识点4 绩效评估

1.绩效评估的内容

绩效评估主要包括3方面内容：

（1）对_____内实际完成的绩效进行_____。

（2）为_____制定或改进、调整绩效标准、绩效目标、绩效内容。

（3）_____。

2.绩效评估的类型

根据绩效评估的内容，其类型一般可分为：_____、_____、

_____。

3.绩效评估的方法

（1）_____。对具有相同工作性质的员工进行排序的方法，适用于工作_____的员工较多时进行绩效评估。

（2）_____。指将绩效评估结果进行_____。这种评估方法成本相对较低，但绩效评估标准模糊，主观性较高。

（3）_____。通过评估表的形式对被评估者的工作绩效进行_____。适用于对组织管理人员的绩效评估。

（4）_____。评估相关的"重要事件"。该方法通常与其他方法结合使用，不单独使用。

（5）_____。通过财务、客户、内部运营、学习与成长4个角度进行_____的方法。这种方法广泛应用于团队和个人的绩效评估。

（6）_____。通过对_____的目标完成情况进行绩效评估。目标管理一般包括目标确定、计划执行、检查调整、完成评价等几个步骤。这种方法也广泛用于对团队和个人的绩效评估。

4.绩效评估的程序

绩效评估通常由_____牵头。

知识点5　绩效评价结果反馈

绩效反馈的内容

（1）通报被评估人_____。
（2）分析被评估人的_____。
（3）沟通协商下一个绩效评估周期的_____。
（4）确定与工作任务和目标相匹配的_____。

知识点6　绩效评价结果应用

（1）绩效评价结果的应用包含两层内容：
①_____；②_____。

（2）通常绩效评价结果会应用于如下方面：
①_____；②_____；③_____；④_____；⑤_____；⑥_____。

第3节　转型升级

知识点1　战略转型升级

（1）大多数组织的转型主要是_____。

（2）组织转型升级首先要解决的是_____。

（3）常见的战略升级主线包括：_____；_____；_____；_____。

（4）转型升级阶段则更关注_____目标的实现，强调_____而不仅仅是_____，更关注客户和服务对象的体验，以及对社会的发展适应性。

知识点2　数字化转型实施

（1）数字化转型是建立在_____、_____的基础上，进一步触及组织核心业务，以新建一种业务模式为目标的高层次转型。

（2）常见数字化转型的驱动因素主要包括：_____；_____；_____；_____。

（3）数字化转型组织架构及工作机制的建议可分为4个层次：

①_____：顶层设计、具有全局观。

②_____：围绕数字化产品和服务进行实施推进。

③_____：构建数字化相关的支撑实施层的能力。

④_____：组织与传统业务、传统IT链接。

（4）_____是开展数字化转型的重要基石。

（5）数字化转型的内容重点包括：_____、_____、_____、_____、_____、_____。

第23章
组织通用管理

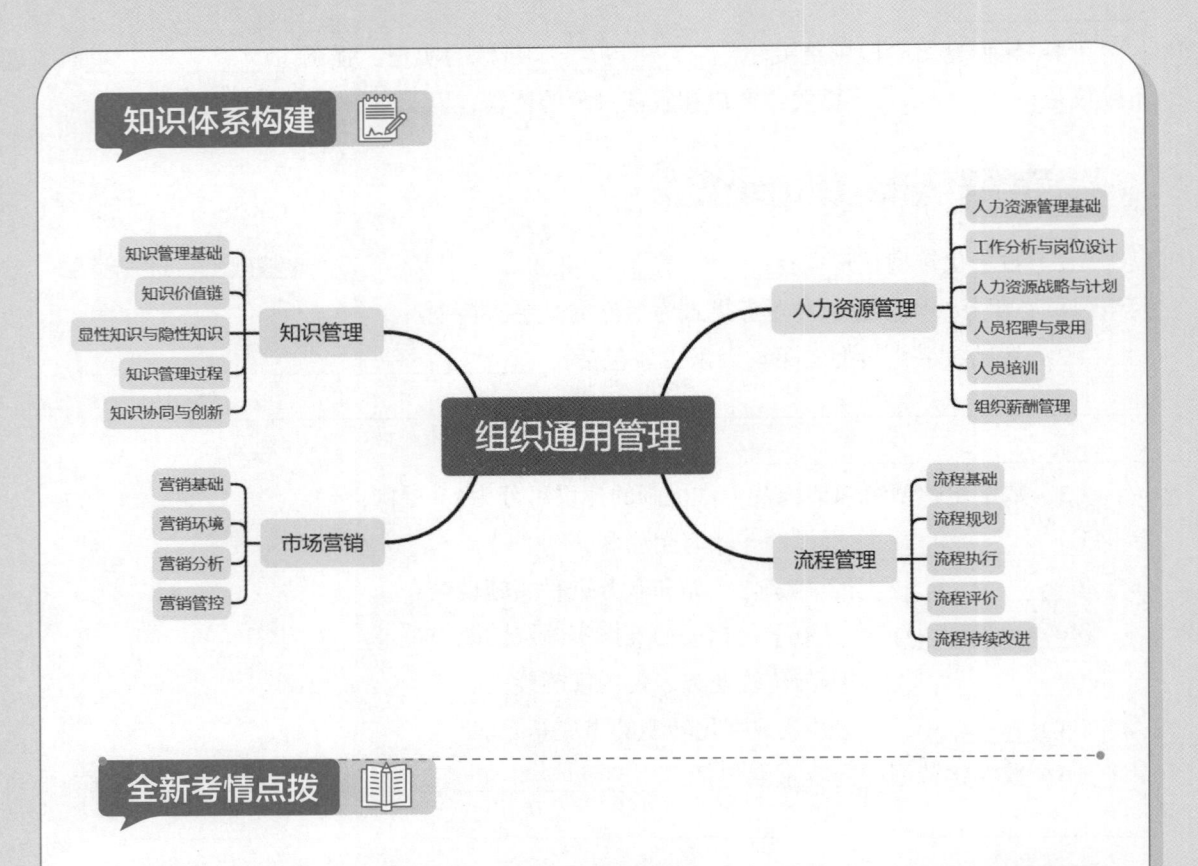

知识体系构建

- 知识管理
  - 知识管理基础
  - 知识价值链
  - 显性知识与隐性知识
  - 知识管理过程
  - 知识协同与创新
- 市场营销
  - 营销基础
  - 营销环境
  - 营销分析
  - 营销管控
- 人力资源管理
  - 人力资源管理基础
  - 工作分析与岗位设计
  - 人力资源战略与计划
  - 人员招聘与录用
  - 人员培训
  - 组织薪酬管理
- 流程管理
  - 流程基础
  - 流程规划
  - 流程执行
  - 流程评价
  - 流程持续改进

全新考情点拨

根据考试大纲，本章知识点会涉及单项选择题，约占2~3分。本章内容侧重于概念知识，根据以往全国计算机技术与软件专业技术资格（水平）考试的出题规律，考查的知识点多来源于教材，扩展内容较少。

第1节　人力资源管理

知识点1　人力资源管理基础

人力资源管理主要包括：

_____：主要进行工作分析和岗位策划。

_____：根据工作需要确定最合适人选的过程。

_____：维护员工有效工作的积极性，维护安全健康的工作环境。

_____：提高员工的知识、技能和经验等方面的能力，保持和增强员工的工作素养。

_____：对员工的工作结果和工作表现与人力资源管理相关策略执行情况的观察、测量和评估。

知识点2　工作分析与岗位设计

1.工作分析

（1）工作分析的作用：_____、_____、_____、_____。

（2）工作分析的4个阶段：_____、_____、_____、_____。

2.岗位设计

（1）岗位设计的主要内容：_____、_____、_____。

（2）_____是岗位设计的重点，一般包括_____、_____、_____、_____和_____5个方面。

知识点3　人力资源战略与计划

1.人力资源战略

（1）战略性人力资源管理的两个部分：_____、_____。

（2）战略性人力资源管理的两个阶段：_____、_____。

2.人力资源预测

人力资源预测包括：_____、_____。

3.人力资源计划控制与评价

（1）如果计划的人力资源需求超过供给，有两种解决方法：①_____；
②_____。

（2）如果计划的人力资源供给超过需求，解决办法有：

①_____；
②_____；
③_____；
④_____；
⑤_____。

知识点4　人员招聘与录用

（1）人员的招聘活动包括：_____、_____、_____、
_____、_____。

（2）按照面试问题的结构化程度，可以将招聘面试类型分为_____、
_____和_____。

（3）招聘效果评估：①_____；②_____；③_____；
④_____；⑤_____。

知识点5　人员培训

员工培训的4个基本步骤：

①_____；
②_____；
③_____；
④_____。

知识点6　组织薪酬管理

（1）直接报酬包括：_____、_____、_____、
_____。

（2）间接报酬包括：_____、_____、_____。

（3）薪酬体系设计流程：①_____；②_____；③_____；

④_____。

（4）薪酬等级结构的构成要素：①_____；②_____；③_____；④_____；⑤_____。

（5）对不同类别的员工，激励策略不同：
- 对操作人员：_____。
- 销售业务人员：_____。
- 对专业技术人员：_____。
- 对高级管理人员：_____、_____、_____、_____、_____。

第2节　流程管理

知识点1　流程基础

（1）流程的特点主要包括：_____、_____、_____、_____。

（2）组织战略执行保障体系包括以下三层：

第一层：_____。以会议管理、运行分析、预算考核为基础建立组织发展计划。

第二层：_____。以业务流程、岗位描述、绩效测评为基础架构，包含研发、采购、生产与交付、销售、客服等各职能领域，是战略执行落地的核心枢纽，在整个战略执行保障体系中起承上启下的作用。

第三层：_____。以ERP（组织资源规划）、CRM（客户关系管理）、PDM（产品数据管理）等大量的信息技术应用为基础。

（3）流程生命周期包括：_____、_____、_____、_____。

（4）流程管理的原则：_____、_____、_____、_____。

知识点2　流程规划

（1）端到端的流程要从_____出发，关注_____。

（2）端到端是以_____为导向进行_____、_____，追求_____。

（3）组织流程通常可分为：_____、_____和_____。

知识点3　流程执行

（1）_____是执行流程的前提。
（2）_____是流程执行的一个黄金时期。
（3）_____对流程整体结果负责任。

知识点4　流程评价

（1）常见的流程检查方法主要有_____、_____、_____和_____等。
（2）流程绩效评估的3个维度为：_____、_____和_____。
（3）_____的输出是流程体系整体的评估与改进建议。
（4）流程评价应用包括：①_____；②_____；③_____；④_____；⑤_____。

知识点5　流程持续改进

流程优化需求大致可分为3种：_____、_____、_____。

第3节　知识管理

知识点1　知识管理基础

（1）知识管理的特征：①_____；②_____；③_____。
（2）实施知识管理的原则：①_____；②_____；③_____；④_____；⑤_____；⑥_____；⑦_____；⑧_____。

知识点2　知识价值链

知识价值链过程主要包括以下方面：①_____；②_____；③_____；④_____；⑤_____；⑥_____。

知识点3　显性知识与隐性知识

1.显性知识

（1）显性知识是在一定条件下，通过_____、_____、_____等表述或通过语言、行为表述并体现于纸、光盘、磁带、磁盘等客观存在的载体介质上的知识。它是_____，_____。

（2）显性知识的特征：

①_____。通过言传、身教或附于某种介质上的编码等方式表现出来，有利于显性知识的保存、记录、交流和传播等

②_____。显性知识不随时间或环境的变化而变化，一旦表达出来就不再变化。

③_____。显性知识可以被传播并共享，可将隐性知识转化为显性知识进行传播和共享。

④_____。显性知识直接来源于实践技能等这类隐性知识，但最终来源于个人的心智模式和元能力。

2.隐性知识

（1）隐性知识是难以编码的知识，主要基于_____。在组织环境中，隐性知识由技术技能、个人观点、信念和心智模型等认知维度构成，隐性知识交流在很大程度上依赖于个人经验和认知，难以交流和分享，例如主观见解、直觉和预感等这一类的知识。

（2）隐形知识交流方式：_____、_____、_____、_____、_____。

知识点4　知识管理过程

1.知识管理的原则

知识管理要遵循以下三条原则：_____；_____；_____。

2.显性知识获取与采集

显性知识获取与采集的途径：_____、_____、_____、_____、_____。

3.隐性知识获取与采集

隐性知识获取与采集的途径：_____、_____、_____、_____、_____、_____、_____等。

4.知识库

知识库构建的原则包括：_____；_____；_____；
_____；_____。

5.知识共享

（1）知识共享的三个要素：_____、_____和_____。

（2）知识共享模式和策略：_____和_____。

知识点5 知识协同与创新

（1）知识协同4大要素：_____、_____、_____、_____。

（2）知识协同的特征：_____、_____、_____、
_____、_____。

第4节 市场营销

知识点1 营销基础

1.市场与客户

（1）_____是市场营销过程的第一步。

（2）需要关注有关客户和市场的5个核心概念是：①_____；②_____；
③_____；④_____；⑤_____。

2.市场营销组合

市场营销组合工具称为市场营销的4P：_____、_____、_____、_____。

知识点2 营销环境

（1）市场营销的微观环境包括_____、_____、_____、
_____、_____等。

（2）市场营销的宏观环境包括_____、_____、_____、
_____、_____等。

知识点3 营销分析

（1）市场营销者可以从_____、_____、_____中获得所

需信息。

（2）购买决策过程一般包括_____、_____、_____、_____以及_____5个阶段。

知识点4 营销管控

（1）市场营销管理过程需要的4种营销管理活动：_____、_____、_____、_____。

（2）SWOT分析：评价组织的_____、_____、_____和_____。

（3）市场营销者可通过如下活动开展整合沟通：_____、_____、_____、_____、_____。

（4）人员销售包括7个步骤：_____、_____、_____、_____、_____、_____、_____。

第24章
法律法规与标准规范

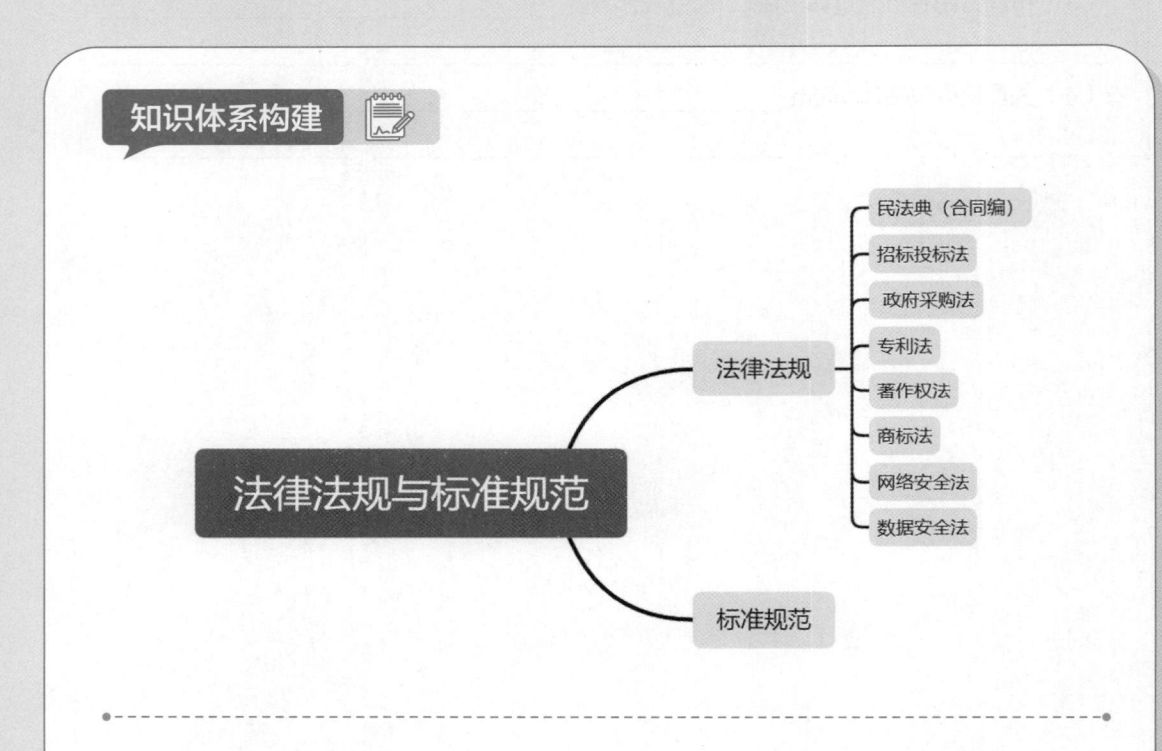

知识体系构建

```
                                          ┌── 民法典（合同编）
                                          ├── 招标投标法
                                          ├── 政府采购法
                         ┌── 法律法规 ─────┼── 专利法
法律法规与标准规范 ───────┤                 ├── 著作权法
                         │                 ├── 商标法
                         │                 ├── 网络安全法
                         │                 └── 数据安全法
                         └── 标准规范
```

全新考情点拨

　　根据考试大纲，本章知识点会涉及单项选择题和案例分析题，上午单项选择题约占3~5分。本章内容侧重于概念知识。根据以往全国计算机技术与软件专业技术资格（水平）考试的出题规律，考查的知识点多不限于教材，也有扩展内容。

第1节　法律法规

知识点1　民法典（合同编）

（1）_____年_____月，中华人民共和国_____全国人民代表大会通过的《中华人民共和国民法典》合同编是信息化法律法规领域的最重要的_____。

（2）_____是民事主体之间设立、变更、终止民事法律关系的协议。

（3）当事人订立合同，可以采用_____、_____或者其他形式。

（4）当事人订立合同，可以采取_____、_____或者其他方式。

知识点2　招标投标法

（1）《中华人民共和国招标投标法》（以下简称"招投标法"）是国家用来_____、调整在招标投标过程中产生的各种关系的法律规范的总称。

（2）招标的分类。

_____：是指招标人以招标公告的方式邀请不特定的法人或者其他组织投标。

_____：是指招标人以投标邀请书的方式邀请特定的法人或者其他组织投标。

（3）投标人_____的，招标人应当依照本法重新招标。

（4）开标由_____主持，邀请所有投标人参加。

（5）依法必须进行招标的项目，其评标委员会由招标人的代表和有关技术、经济等方面的专家组成，成员人数为_____，其中技术、经济等方面的专家不得少于成员总数的_____。

（6）招标人和中标人应当自中标通知书发出之日起_____内，按照招标文件和中标人的投标文件订立书面合同。

（7）中标人按照合同约定或者经_____同意，可以将中标项目的部分_____、_____工作分包给他人完成。接受分包的人应当具备相应的资格条件，并_____。

（8）中标人应当就分包项目向招标人负责，接受分包的人就分包项目承担_____责任。

知识点3 政府采购法

（1）_____年_____月_____日通过《中华人民共和国政府采购法》（以下简称"政府采购法"）。

（2）政府采购是指各级国家机关、事业单位和团体组织，使用_____采购依法制定的_____以内的或者_____以上的货物、工程和服务的行为。

（3）政府采购采用以下方式：

① _____；
② _____；
③ _____；
④ _____；
⑤ _____；
⑥国务院政府采购监督管理部门认定的其他采购方式。

（4）_____应作为政府采购的主要采购方式。

知识点4 专利法

（1）专利法规定，发明创造是指_____、_____和_____。

（2）_____是指对产品、方法或者其改进所提出的新的技术方案。

（3）_____是指对产品的形状、构造或者其结合所提出的适于实用的新的技术方案。

（4）_____是指对产品的整体或者局部的形状、图案或者其结合以及色彩与形状、图案的结合所作出的富有美感并适于工业应用的新设计。

（5）执行本单位的任务或者主要是利用本单位的物质技术条件所完成的发明创造为职务发明创造。职务发明创造申请专利的权利属于_____。

（6）非职务发明创造，申请专利的权利属于_____。

（7）两个以上的申请人分别就同样的发明创造申请专利的，专利权授予_____。

知识点5 著作权法

（1）_____年_____月_____日发布第三次修正版《中华人民共和国著作权法》。

（2）受委托创作的作品，著作权的归属由委托人和受托人通过合同约定。合同未作明确约定或者没有订立合同的，著作权属于_____。

（3）作品原件所有权的转移，_____，但美术、摄影作品原件的展览权由_____享有。

知识点6　商标法

（1）国务院工商行政管理部门_____主管全国商标注册和管理的工作。
（2）国务院工商行政管理部门设立_____，负责处理商标争议事宜。
（3）经商标局核准注册的商标为_____，包括_____、_____、_____。
（4）注册商标的有效期为_____，自核准注册之日起计算。

知识点7　网络安全法

（1）2017年6月1日起正式实施的《中华人民共和国网络安全法》（以下简称"网络安全法"），是我国_____全面规范网络空间安全管理方面问题的_____。
（2）网络安全法规定了国家网络安全工作的_____、主要任务和重大指导思想、理念。

知识点8　数据安全法

（1）《中华人民共和国数据安全法》（以下简称"数据安全法"）于_____年_____月_____日起正式施行。
（2）数据安全法是数据安全领域_____的专门法。
（3）数据安全法延续了网络安全法生效以来的"_____"的监管体系，通过多方共同参与实现各地方、各部门对工作集中收集和产生数据的安全管理。

第2节　标准规范

（1）《_____》描述了软件工程学科的边界范围，按主题提供了访问支持该学科文献的途径。
（2）《_____》为软件生存周期过程建立了一个公共框架，供软件工业界使用。

第25章
计算题进阶

知识体系构建

```
                    ┌─ 成本基础
         ┌─ 成本计算 ─┼─ 成本分析
         │          └─ 成本进阶
计算题进阶 ┤
         │          ┌─ 进度基础
         └─ 进度计算 ─┼─ 进度分析
                    └─ 进度进阶
```

全新考情点拨

根据考试大纲，案例分析每次必考计算题，每题占20分左右。本章内容属于基础知识范畴，考查的知识点主要来源于教材。

第1节 成本计算

知识点1 成本基础

（1）CV=EV/（　　）

（2）SV=EV/（　　）

（3）CPI=EV/（　　）

（4）SPI=EV/（　　）

知识点2 成本分析

已知：

（1）

（2）

（3）

（4）

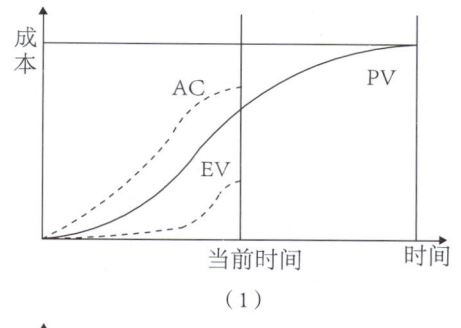

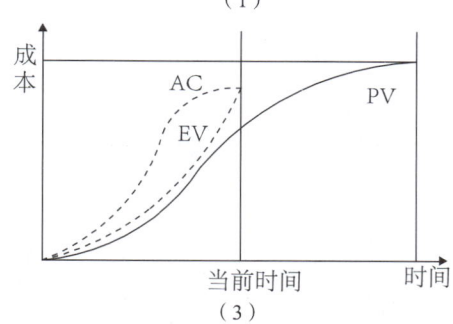

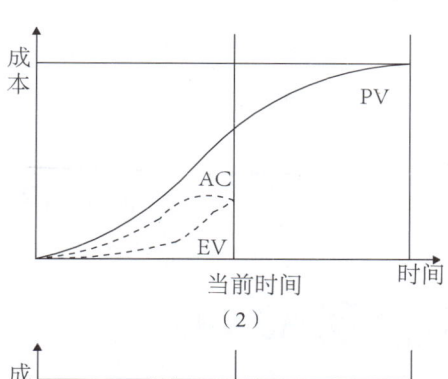

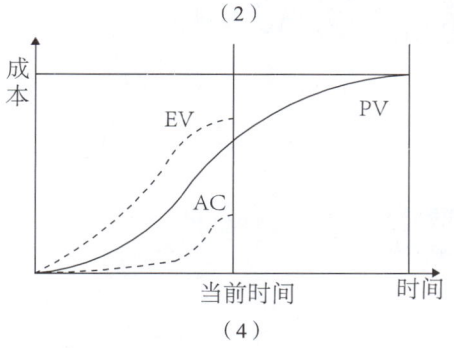

请填写：

序号	参数关系	分析（含义）	措施
（1）	AC > PV > EV SV < 0，CV < 0	进度（　　）， 成本（　　）	用工作效率高的人员更换一批工作效率低的人员；赶工或并行施工追赶进度
（2）	PV > AC=EV SV < 0，CV=0	进度（　　）， 成本（　　）	增加高效人员投入，赶工或并行施工追赶进度

序号	参数关系	分析（含义）	措施
（3）	AC=EV＞PV SV＞0, CV=0	进度（____）， 成本（____）	抽出部分人员，增加少量骨干人员
（4）	EV＞PV＞AC SV＞0, CV＞0	进度（____）， 成本（____）	若偏离不大，维持现状，加强质量控制

知识点3 成本进阶

（1）非典型情况下：ETC=BAC-（____）

（2）典型情况下：ETC={BAC-（____）}/（____）

（3）典型且必须按期完成的情况下：ETC={BAC-（____）}/（____）

（4）任何情况下：EAC=AC+（____）

（5）典型情况下，EAC=（____）/CPI

（6）为了完成预定的目标：TCPI=（BAC-EV）/（____）

（7）为了完成修改后的EAC目标：TCPI=（BAC-EV）/（____）

（8）完成时偏差VAC=BAC-（____）

第2节　进度计算

知识点1 进度基础

（1）总时差：TF=LF-（____）=LS-（____）

（2）自由时差：FF=紧后工作（____）的最小值-本工作的（____）

知识点2 进度分析

在前导图法中，每项活动有唯一的活动号，每项活动都注明了预计工期（活动的持续时间）。通常，每个节点的活动会有如下几个时间。

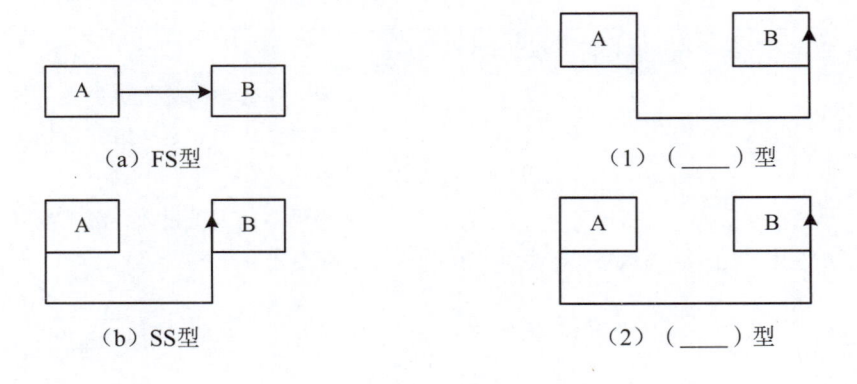

（a）FS型

（1）（____）型

（b）SS型

（2）（____）型

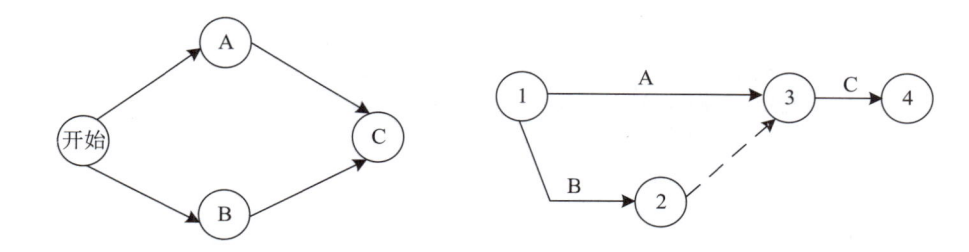

（3）观察上面两图，右图所示的节点2到节点3的工作叫作（　　　）。

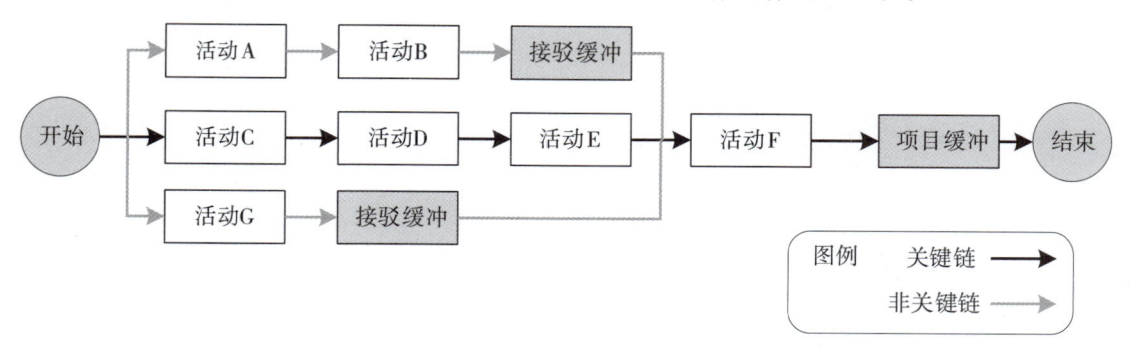

（4）根据上图回答，（　　　）位于非关键链路与关键链路的交叉口，是为了防止非关键链路的延误而影响到关键链路；（　　　）位于关键链路的末端，是为了防止关键链路的延误而影响到整个项目工期。

知识点3　进度进阶

（1）时标网络图的总时差=从本工作沿箭头方向到关键节点之间（　　　）之和的最小值。

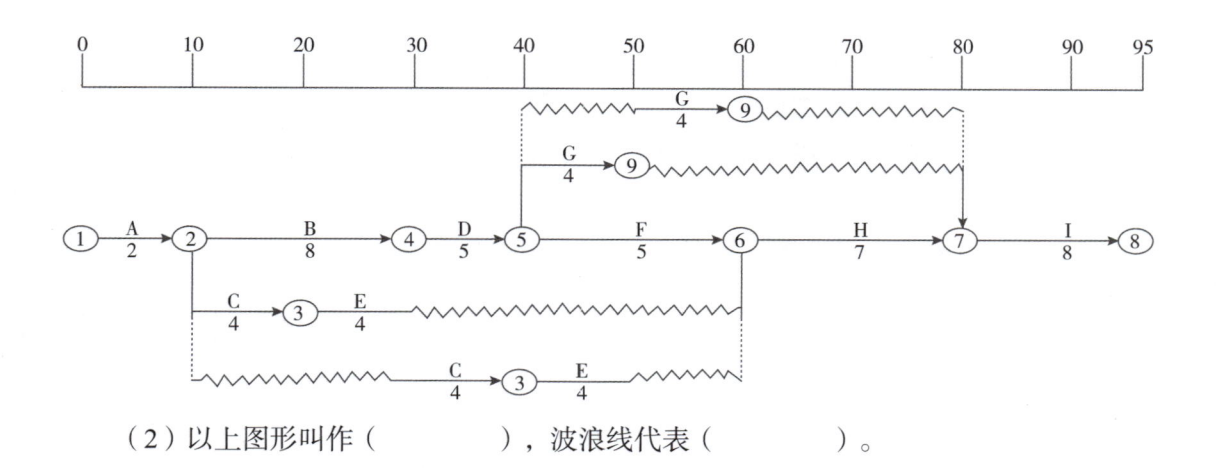

（2）以上图形叫作（　　　），波浪线代表（　　　）。

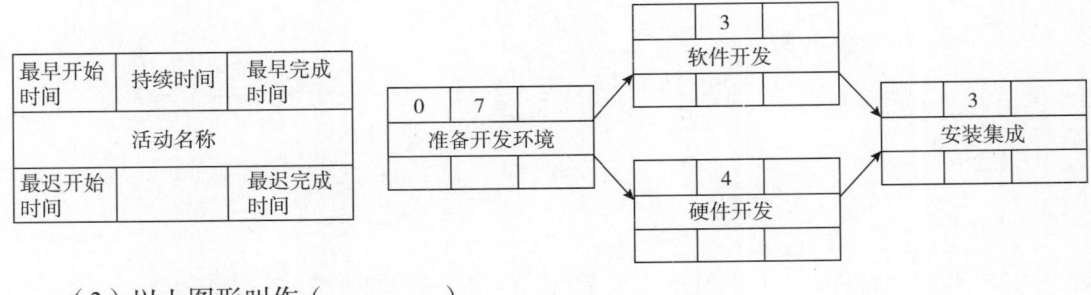

最早开始时间	持续时间	最早完成时间
活动名称		
最迟开始时间		最迟完成时间

（3）以上图形叫作（　　　　）。

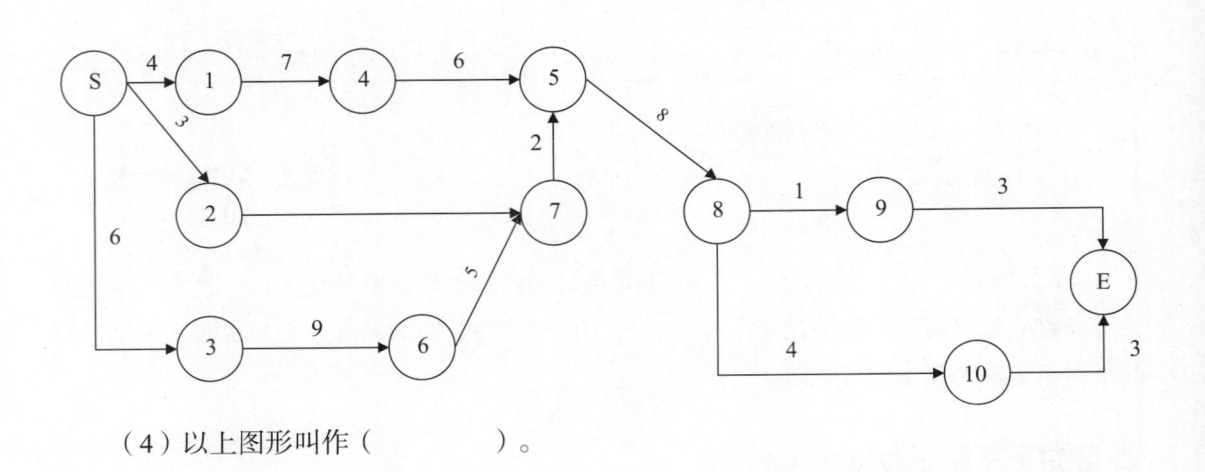

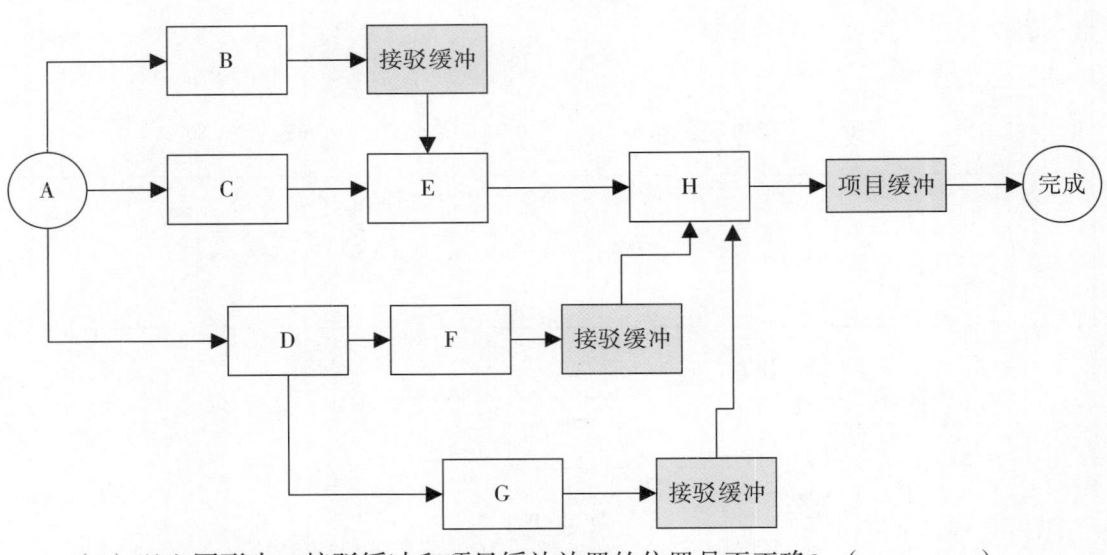

（4）以上图形叫作（　　　　）。

（5）以上图形中，接驳缓冲和项目缓放放置的位置是否正确？（　　　　）。

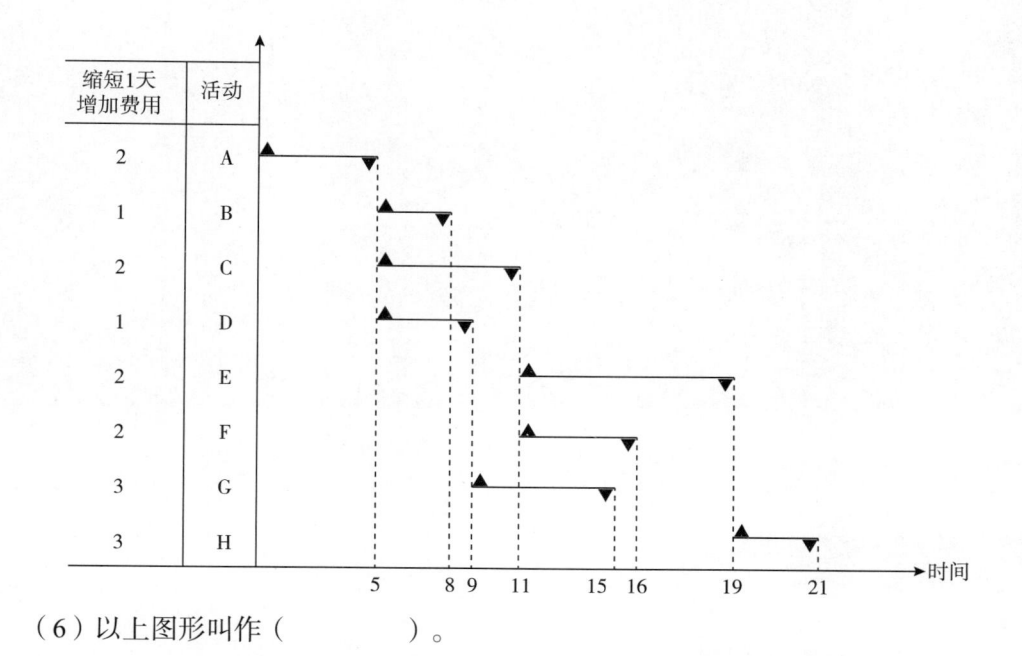

缩短1天 增加费用	活动
2	A
1	B
2	C
1	D
2	E
2	F
3	G
3	H

（6）以上图形叫作（　　　　）。

第26章

"六脉神剑"之必背技术类大题

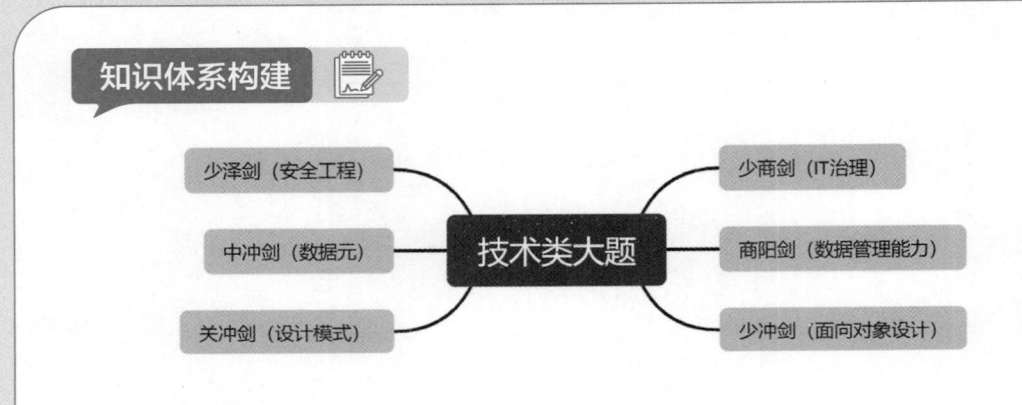

知识体系构建

- 技术类大题
  - 少泽剑（安全工程）
  - 中冲剑（数据元）
  - 关冲剑（设计模式）
  - 少商剑（IT治理）
  - 商阳剑（数据管理能力）
  - 少冲剑（面向对象设计）

全新考情点拨

根据《信息系统项目管理师考试大纲》第4版要求，考生应能根据试题给定的案例分析场景，应用信息系统项目管理知识对案例场景进行分析，得到相应的结论或给出建议。案例分析基于信息系统项目管理师需要熟悉和掌握的知识范围展开，涉及内容包技术部分和管理部分。

因为考试大纲要求案例分析会考到技术类大题，我们结合最新版教材，整理了高频的技术类知识点，把最重要的六个知识点，分别以"六脉神剑"不同的招式为名，列出考生必须掌握的内容。

知识点1　少商剑（IT治理）

IT治理的核心内容包括哪些方面？

_____
_____
_____
_____
_____

知识点2　商阳剑（数据管理能力）

数据管理能力成熟度评估模型定义了哪8个核心能力域？

_____
_____
_____
_____
_____
_____
_____
_____

知识点3　少冲剑（面向对象设计）

面向对象设计常见的原则有哪些？

_____
_____
_____
_____
_____
_____
_____

知识点4　关冲剑（设计模式）

设计模式可分为哪三种？每种又包括具体的哪些？

知识点5　中冲剑（数据元）

制定一个数据元标准，应遵循哪些过程？

知识点6　少泽剑（安全工程）

信息安全系统体系架构三维空间图是什么？

第27章

"独孤九剑"之必背管理类大题

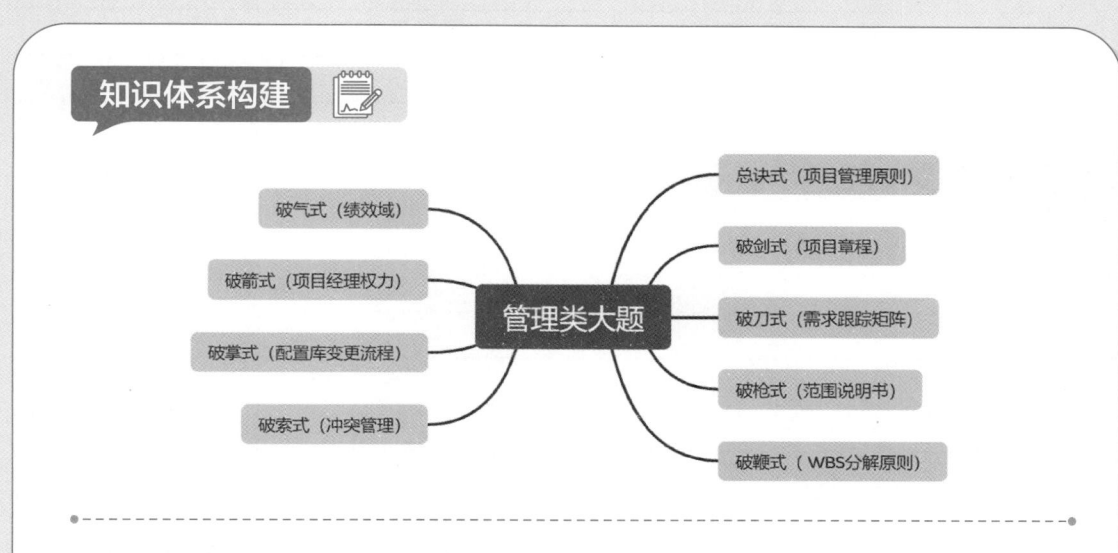

知识体系构建

- 管理类大题
  - 破气式（绩效域）
  - 破箭式（项目经理权力）
  - 破掌式（配置库变更流程）
  - 破索式（冲突管理）
  - 总诀式（项目管理原则）
  - 破剑式（项目章程）
  - 破刀式（需求跟踪矩阵）
  - 破枪式（范围说明书）
  - 破鞭式（WBS分解原则）

全新考情点拨

根据《信息系统项目管理师考试大纲》第4版要求，考生应能根据试题给定的案例分析场景，应用信息系统项目管理知识对案例场景进行分析，得到相应的结论或给出建议。案例分析基于信息系统项目管理师需要熟悉和掌握的知识范围展开，涉及内容包技术部分和管理部分。

因为考试大纲要求案例分析会考到管理类大题，我们结合最新版教材，整理了高频的管理类知识点，把最重要的九个知识点，分别以"独孤九剑"不同的招式为名，列出考生必须掌握的内容。

案例分析需要记忆的知识点有数百个，这些知识点只是相对高频的考点，并不是说只需要记忆这些知识点就能考过。希望大家优先记忆这些知识点，再学习考试大纲要求的其他知识点。

知识点1　总诀式（项目管理原则）

项目管理原则有哪12条？

_____
_____
_____
_____
_____
_____
_____
_____

知识点2　破剑式（项目章程）

项目章程的内容是什么？

_____
_____
_____
_____
_____
_____
_____
_____

知识点3　破刀式（需求跟踪矩阵）

需求跟踪矩阵的内容是什么？

_____
_____
_____
_____
_____
_____

知识点4　破枪式（范围说明书）

详细的项目范围说明书的内容是什么？

知识点5　破鞭式（WBS分解原则）

WBS分解的八大原则是什么？

知识点6　破索式（冲突管理）

冲突的解决方法有哪些？

知识点7　破掌式（配置库变更流程）

基于配置库的变更控制流程是什么？

知识点8　破箭式（项目经理权力）

项目经理有哪5种权力？其中哪些来自组织的授权，哪些来自管理者自身？

知识点9　破气式（绩效域）

项目有哪八大绩效域，它们的绩效要点分别是什么？

答案部分

第1章

信息化发展 答案

第1节 信息与信息化

知识点1 信息基础

1. 香农

2. 客观性；普遍性；无限性；动态性；相对性；依附性；变换性；传递性；层次性；系统性；转化性。

3. 信息的质量属性及其解释

信息的质量属性	解 释
精确性	对事物状态描述的精准程度
完整性	对事物状态描述的全面程度
可靠性	信息来源合法，传输过程可信
及时性	信息的获得及时
经济性	信息获取、传输成本在可以接受的范围之内
可验证性	信息的主要质量属性可以证实或证伪
安全性	信息可以被非授权访问的可能性，可能性越低，安全性越高

知识点2 信息系统基础

1. 信息系统的特点

管理；生产。

2. 信息系统生命周期

系统规划；系统设计；系统实施。

知识点3 信息化基础

1. 信息化的内涵

（1）信息网络体系；信息产业基础；社会运行环境；效用积累过程。

（2）全体社会成员；长期；一切领域。

2. 信息化体系六要素的地位

信息资源；信息技术应用；信息网络；信息技术和产业；信息化人才；信息化政策法规；标准规范。

3. 信息化的趋势

产品信息化；产业信息化；社会生活信息化；国民经济信息化。

第2节　现代化基础设施

知识点1　新型基础设施建设

"新基建"

（1）5G基建；城际高速铁路；新能源汽车充电桩；工业互联网。

（2）信息基础设施；技术新；融合基础设施；应用新；创新基础设施；平台新。

知识点2　工业互联网

工业互联网四大层级

四大层级	地位	内容
网络	基础	包括网络互联、数据互通和标识解析三部分
平台	中枢	包括边缘层、IaaS、PaaS、SaaS四个层级
数据	要素	三个特性：重要性、专业性、复杂性
安全	保障	监测预警、应急响应、检测评估、功能测试

知识点3　车联网

1. 车联网体系架构

端；管；云。

2. 车联网链接方式

车与云平台；车与车；车与路；车与人；车内设备之间。

第3节　现代化创新发展

知识点1　农业农村现代化

1. 农业现代化

农业信息化。

2.乡村振兴战略

信息技术基础设施建设；建设基础设施；发展智慧农业；建设数字乡村。

知识点2　两化融合与智能制造

1. 两化融合

（1）信息化；工业化。

（2）信息化支撑；追求可持续发展模式。

（3）技术融合；产品融合；业务融合；产业衍生。

2. 智能制造

（1）信息通信技术；设计；生产；管理；服务；自感知；自学习；自决策。

（2）规划级；规范级；集成级；优化级；引领级。

知识点3　消费互联网

消费互联网

（1）个人虚拟化；消费者。

（2）媒体属性；产业属性。

（3）网红带货；无身份社会。

第4节　数字中国

知识点1　数字经济

（1）数字产业化；产业数字化。

（2）数字产业化；产业数字化；数字化治理；数据价值化。

①数字产业化。②产业数字化；数据。③数字化治理。④数据资源化；数据资产化；数据资本化。

知识点2　数字政府

（1）共享；互通；便利。

（2）一网通办；跨省通办；一网统管；一网；联动；预警。

知识点3　数字社会

（1）普惠；赋能；利民。

（2）人民；数据治理；数字孪生；边际决策；多元融合；态势感知。

（3）规划级；管理级；协同级；优化级；引领级。

（4）网络化；信息化；数字化。

（5）生活工具数字化；生活方式数字化；生活内容数字化。

知识点4　数字生态

（1）数据。

（2）数字支撑体系；数据开发利用与安全；数字市场准入；数字市场规则；数字创新环境。

第5节　数字化转型与元宇宙

知识点1　数字化转型

（1）四；数据；传播效率；智能+。

（2）智慧—数据；数据—智慧。

（3）数据；信息；知识；智慧。

知识点2　元宇宙

沉浸式体验；虚拟身份。

第2章 信息技术发展 答案

第1节 信息技术及其发展

知识点1 计算机软硬件

1.计算机硬件

（1）控制器；运算器；存储器；输入设备；输出设备。

（2）控制器。

（3）运算器。

（4）读写存储器RAM；只读存储器ROM；硬盘；光盘；优盘。

（5）输入设备；键盘；鼠标；扫描仪。

（6）输出设备；打印机。

2.计算机软件

系统软件；应用软件；中间件。

知识点2 计算机网络

1.通信基础

（1）源系统；传输系统；目的系统。

（2）数字通信技术；信息传输技术；通信网络技术。

2.通信网络

（1）个人局域网；局域网；城域网；广域网。

（2）公用网；专用网。

3.网络设备

（1）以太网技术；网络交换技术。

（2）物理层；链路层；网络层；传输层；应用层。

（3）中间设备；中继器；网桥；路由器；网关。

4.网络标准协议

（1）语义；语法；时序。

（2）物理层；数据链路层；网络层；传输层；会话层；表示层；应用层。

（3）TCP/IP；应用层；FTP；TFTP；HTTP；SMTP；DHCP；Telnet；DNS；SNMP。

（4）传输层；TCP；UDP；流量控制；错误校验；排序服务。

5.软件定义网络

（1）软件定义网络；控制面；数据面。

（2）数据平面；控制平面；应用平面。

（3）控制器；数据平面；应用平面。

（4）流。

6.第五代移动通信技术

（1）高速率；低时延；大连接。

（2）增强移动宽带；超高可靠低时延通信；海量机器类通信。

（3）增强移动宽带。

（4）超高可靠低时延通信；工业控制；远程医疗；自动驾驶。

（5）海量机器类通信。

知识点3　存储和数据库

1.存储技术

（1）封闭系统；开放系统；封闭系统；开放系统。

（2）直连式存储；网络化存储。

（3）网络接入存储；存储区域网络。

（4）存储虚拟化。

2.数据结构模型

（1）层次模型；网状模型；关系模型。

（2）层次模型；树形。

（3）网状模型；图形结构。

（4）关系模型；二维表格。

3.常用数据库类型

（1）关系型数据库；非关系型数据库。

（2）关系型数据库。

（3）非关系型数据库；分布式的；非关系型的；非结构化；多维关系；特定。

（4）常用数据库类型的优缺点

数据库类型	特点类型	描述
关系型数据库	优点	①容易理解。 ②使用方便。 ③易于维护。
关系型数据库	缺点	①大量数据、高并发下读写性能不足。 ②具有固定的表结构，因此扩展困难。 ③多表的关联查询导致性能欠佳。
非关系型数据库	优点	①高并发，读写能力强。 ②基本支持分布式。 ③简单。
非关系型数据库	缺点	①事务支持较弱。 ②通用性差。 ③无完整约束，复杂业务场景支持较差。

4.数据仓库

（1）主题；集成的；随时间变化；管理决策。

（2）ETL。

（3）数据源。

（4）数据的存储与管理。

（5）OLAP服务器。

（6）前端工具。

知识点4　信息安全

1.信息安全基础

（1）保密性；完整性；可用性

（2）设备安全；数据安全；内容安全；行为安全。

2.加密与解密

（1）相同。

（2）加密钥；解密钥。

（3）Hash函数；Hash码。

（4）数字签名；不能抵赖；不能伪造。

（5）认证。

3.信息系统安全

（1）计算机病毒；逻辑炸弹；特洛伊木马；后门；隐蔽通道。

（2）网络监听；口令攻击；漏洞攻击。

4.网络安全技术

（1）防火墙。

（2）入侵检测系统；入侵防护系统。

（3）虚拟专用网络（VPN）。

（4）安全扫描。

（5）网络蜜罐技术。

第2节　新一代信息技术及应用

知识点1　物联网

1.技术基础

（1）感知层；网络层；应用层。

（2）感知；传感器；识别物体；采集信息。

（3）网络层；中枢；传递和处理。

（4）应用层；智能应用。

2.关键技术

（1）传感器。

（2）射频识别技术。

（3）微机电系统。

知识点2　云计算

云服务类型

（1）基础设施即服务；计算机能力、存储空间。

（2）平台即服务；操作系统；数据库管理系统；Web应用；直接的经济效益。

（3）软件即服务；应用软件；组件；Web技术；SOA架构。

知识点3　大数据

1.大数据的特点

数据海量；数据类型多样；数据价值密度低；数据处理速度快。

2.关键技术

（1）分解成许多小的部分；并行工作。

（2）大数据挖掘。

知识点4　区块链

1.技术基础

（1）公有链；联盟链；私有链；混合链。

（2）多中心化；多方维护；时序数据；智能合约；不可篡改；开放共识；安全可信。

2.关键技术

（1）分布式账本。

（2）哈希算法；非对称加密算法。

（3）共识机制。

知识点5　人工智能

关键技术

（1）机器学习。

（2）自然语言处理；舆情监测；自动摘要；观点提取；文本分类；问题回答。

（3）专家系统。

知识点6　虚拟现实

主要特征

沉浸性；交互性；多感知性；构想性；自主性。

第3章
信息系统治理 答案

第1节 IT治理

知识点1 IT治理的内涵
（1）组织治理层；高级管理层。
（2）数字目标；组织战略目标。
（3）与业务目标一致；有效利用信息；数据资源；风险管理。
（4）最高管理层；执行管理层；业务与服务执行层。

知识点2 IT治理体系
（1）IT原则；IT架构；IT基础设施；业务应用需求；IT投资和优先顺序。
（2）IT战略目标；IT治理组织；IT治理机制；IT治理域；IT治理标准；IT绩效目标。
（3）组织职责；战略匹配；资源管理；价值交付；风险管理；绩效管理。
（4）简单；透明；适合。

知识点3 IT治理任务
全局统筹；价值导向；机制保障；创新发展；文化助推。

知识点4 IT治理方法与标准
（1）决策体系；责任归属；管理流程；内外评价；做什么；如何做；怎么样；如何评价。
（2）信息技术顶层设计；管理体系；资源。

第2节 IT审计

知识点1 IT审计基础
（1）IT审计风险（固有风险、控制风险、检查风险）；财务损失；业务中断；失去客户信任；经济制裁。

（2）IT系统；IT活动。

（3）

①组织的IT战略应与业务战略保持一致。

②保护信息资产的安全及数据的完整、可靠、有效。

③提高信息系统的安全性、可靠性及有效性。

④合理保证信息系统及其运用符合有关法律、法规及标准等的要求。

（4）IT审计范围的确定

IT审计范围	说　明
总体范围	需要根据审计目的和投入的审计成本来确定
组织范围	明确审计涉及的组织机构、主要流程、活动及人员等
物理范围	具体的物理地点与边界
逻辑范围	涉及的信息系统和逻辑边界

（5）固有风险；控制风险；检查风险；总体审计风险。

知识点2　审计方法和技术

（1）访谈法；调查法；检查法；观察法；测试法；程序代码检查法。

（2）风险识别技术；风险分析技术；风险评价技术；风险应对技术。

（3）审计证据。

（4）审计工作底稿。

知识点3　审计流程

（1）有效地指导审计工作。

（2）有利于提高审计工作效率。

（3）有利于保证审计项目质量。

（4）有利于规范审计工作。

知识点4　审计内容

（1）IT内部控制审计；IT专项审计。

（2）组织层面IT控制审计；IT一般控制审计；应用控制审计。

（3）IT专项审计。

第4章
信息系统管理 答案

第1节 管理方法

知识点1 管理基础
（1）人员；技术；流程；数据。
（2）规划和组织；设计和实施；运维和服务；优化和持续改进。

知识点2 规划和组织
（1）战略。
（2）业务战略、信息系统战略；组织机制战略。
（3）总成本领先战略；差异性战略；专注战略。
（4）组织将如何构建以实现其目标并实施其业务战略。
（5）提供信息服务；竞争；定位；能力。

知识点3 设计和实施
（1）业务需求；信息系统架构。
（2）全局级别；组织间级别；应用级别。
（3）内容；人员；位置。
（4）集中式；分布式；面向服务（SOA）。

知识点4 运维和服务
（1）运行管理和控制；IT服务管理；运行与监控；终端侧管理；程序库管理；安全管理；介质控制；数据管理。
（2）过程开发；标准制定；资源分配；过程管理。
（3）服务台；问题管理；配置管理；服务连续性管理；可用性管理。

知识点5 优化和持续改进
（1）戴明环；Plan（计划）、Do（执行）、Check（检查）和Act（处理）。
（2）定义；度量；分析；改进/设计；控制/验证。

（3）流程定义；指标定义；流程基线；度量系统分析。
（4）确定优化改进的驱动因素。

第2节 管理要点

知识点1 数据管理

（1）开发；执行；监督；获取；控制；保护；交付；提高数据；信息资产价值。
（2）数据管理能力成熟度评估模型（Data Management Capability Maturity Model，DCMM）；数据战略；数据架构；数据质量。
（3）初始级；受管理级；稳健级；量化管理级；优化级。

知识点2 运维管理

（1）治理要求、运行维护服务能力体系；价值实现。
（2）人员；过程；技术；资源能力。
（3）管理类；技术类；操作类。

知识点3 信息安全管理

（1）保密性；完整性；可用性。
（2）造成损害。
严重损害或特别严重损害；危害。
严重危害；危害。
特别严重危害；成严重危害。
特别严重危害。

第5章 信息系统工程 答案

第1节 软件工程

知识点1 软件工程定义
方法；工具；过程。

知识点2 架构设计
数据流风格；调用/返回风格；独立构件风格；虚拟机风格；仓库风格。

知识点3 需求分析
（1）功能；行为；性能；设计约束。
（2）业务需求；用户需求；系统需求。
（3）质量功能部署（QFD）；常规需求；期望需求；意外需求。
（4）需求获取；需求分析；需求规格说明书编制；需求验证与确认等。
（5）用户访谈；问卷调查；采样。
（6）无二义性；完整性；一致性；可跟踪性。
（7）数据字典；数据模型；功能模型；行为模型（也称为状态模型）。
（8）面向对象；类；对象。
（9）用例模型；分析模型。
（10）SRS。
（11）需求评审；需求测试。

知识点4 统一建模语言
（1）构造块；规则；公共机制。
（2）结构事物；行为事物（也称动作事物）；分组事物；注释事物（也称注解事物）。
（3）依赖；关联；泛化；实现。
（4）类图；

构件图；

结构化类（例如，构件或类）；

用例图；

时间次序；

通信图；

通信图；

定时图；交互概览图；

制品图。

（5）逻辑视图；进程视图；实现视图；部署视图；用例视图。

知识点5　软件设计

（1）自顶向下；逐步求精；模块化。

（2）高内聚；低耦合。

（3）单职原则；开闭原则；李氏替换原则；依赖倒置原则；接口隔离原则；组合重用原则；迪米特原则（最少知识法则）。

（4）创建型模式；结构型模式；行为型模式。

知识点6　软件实现

（1）软件配置管理计划；软件配置标识；软件配置控制；软件配置状态记录；软件配置审计；软件发布管理；交付。

（2）软件库。

（3）静态测试。

（4）白盒测试；黑盒测试。

知识点7　部署交付

（1）完全自动化；一键部署。

（2）蓝绿部署；金丝雀部署。

知识点8　过程管理

（1）4；20；161。

（2）

①战略与治理；组织的战略。

②需求；测试；服务。

③管理与支持。

④人员能力管理；软件组织能力。

第 2 节　数据工程

知识点1　数据建模
（1）数据建模；数据运维；数据安全。
（2）概念模型、逻辑模型；物理模型。

知识点2　数据标准化
（1）元数据标准化、数据元标准化、数据模式标准化、数据分类；编码标准化；数据标准化管理。
（2）分类对象；分类依据。

知识点3　数据运维
（1）磁带；光盘；磁盘。
（2）完全备份；差分（差异）备份；增量备份。
（3）RPO；RTO；RPO；RTO。
（4）数据质量。

知识点4　数据开发和利用
（1）数据总结；关联分析；分类和预测；聚类分析；孤立点分析。
（2）计算机图形学；图像处理技术。

知识点5　数据库安全
身份认证；存取控制；数据库加密；数据审计；推理控制。

第 3 节　系统集成

知识点1　集成基础
（1）技术环境；数据环境；应用程序。
（2）开放性；结构化；先进性；主流化。

知识点2　网络集成
（1）传输。
（2）防火墙；数据加密技术。
（3）访问控制。

知识点3　数据集成

（1）信息共享。

（2）数据仓库技术。

（3）基本数据集成；多级视图集成；模式集成；多粒度数据集成。

知识点4　软件集成

CORBA；COM；DCOM与COM+；.NET；J2EE。

知识点5　应用集成

（1）对等层次上。

（2）应用编程接口；事件驱动型操作；数据映射。

第4节　安全工程

知识点1　安全系统

（1）安全机制；OSI网络参考模型；安全服务。

（2）认证；权限；完整、加密；不可否认。

（3）基础设施实体安全；通信安全；管理安全；安全防范体系。

（4）数据保密服务；数据源点认证服务。

（5）加密；数字签名技术；防控控制；数据完整性；认证；数据挖掘。

知识点2　工程体系架构

（1）信息安全系统工程能力成熟度模型（ISSE-CMM）。

（2）威胁；脆弱性；影响。

第6章 项目管理概论 答案

第1节 PMBOK

知识点1 PMBOK的发展
（1）知识；技能；工具。
（2）项目管理知识体系指南。
（3）敏捷。
（4）绩效域；项目管理原则；预测型；适应型；混合型。
（5）价值交付系统；组织及其干系人。

第2节 项目基本要素

知识点1 项目基础
项目的概念
（1）产品；成果；临时性。
（2）可交付成果。
（3）起点；终点；持续时间。
（4）业务价值。

知识点2 项目管理的重要性
项目管理的概念及理解
（1）知识；技能。
（2）项目成本超支；项目范围失控；干系人不满意。
（3）项目。

知识点3 项目成功的标准
（1）时间；范围；质量。

（2）可测量。

（3）如何评估项目成功；哪些因素会影响项目成功。

知识点4 项目、项目集、项目组合和运营管理之间的关系

1.概念

（1）独立项目；在项目组合内。

（2）项目集。

（3）项目组合。

（4）项目和项目集管理；做正确的事。

2.项目集管理

依赖关系。

3.项目组合管理

优先级；战略目标。

4.运营管理

不属于。

知识点5 项目内外部运行环境

事业环境因素和组织过程资产

（1）事业环境因素；组织过程资产。

（2）过程资产；治理文件；数据资产；知识资产；安保和安全。

知识点6 组织系统

1.治理框架、管理要素

（1）治理框架；组织结构类型。

（2）管理要素。

2.组织结构类型、PMO

（1）项目管理办公室。

（2）支持；控制；指令。

知识点7 项目管理和产品管理

（1）组件制品。

（2）产品生命周期。

第 3 节　项目经理的角色

知识点1　项目经理的定义
项目目标。

知识点2　项目经理的影响力范围
（1）项目；组织；行业；专业学科。
（2）
①项目经理领导项目团队实现项目目标和干系人的期望，利用可用资源，平衡相互竞争的制约因素；
②项目经理需要积极地与组织内其他项目经理互动；
③项目经理应该时刻关注行业的最新发展趋势，获取并判断这些信息对当前项目的影响；
④项目经理进行持续的知识传递和整合；
⑤项目经理指导和教育其他专业人员了解项目管理方法对组织的价值。

知识点3　项目经理的能力
（1）项目管理；战备和商务；领导力。
（2）放任；交易；服务；变革；魅力；交互。

第 4 节　价值驱动的项目管理知识体系

知识点1　项目管理原则
（1）①展现领导力行为；②优化风险应对；③为实现目标而驱动变革；④聚焦于价值；⑤识别、评估和响应系统交互；⑥拥抱适应性和韧性；⑦促进干系人有效参与；⑧驾驭复杂性；⑨勤勉、尊重和关心他人；⑩根据环境进行裁剪；⑪营造协作的项目团队环境；⑫将质量融入过程和成果中。
（2）团队共识；过程。
（3）价值。
（4）商业需要；商业战略。
（5）内外部。
（6）人类行为；系统行为；技术创新；不确定和模糊性。
（7）韧性；适应性。

知识点2　项目生命周期和项目阶段

1.项目生命周期和项目阶段介绍

（1）顺序；交叠；项目管理。

（2）任何。

（3）启动项目；组织与准备；执行项目工作；结束项目。

（4）最高。

（5）最大；增高。

2.生命周期的类型

（1）瀑布型生命周期；变更。

（2）重复进行。

（3）迭代。

（4）迭代。

（5）迭代；增量。

（6）敏捷；变更驱动。

（7）预测；适应。

知识点3　项目管理过程组

（1）启动过程组；规划规程组；执行过程组；监控过程组；收尾过程组。

（2）收尾。

（3）监控。

（4）执行。

（5）规划。

（6）项目管理过程组。

（7）项目阶段。

知识点4　项目管理知识领域

（1）项目整合管理；项目范围管理；项目进度管理；项目成本管理；项目质量管理；项目资源管理；项目沟通管理；项目风险管理；项目采购管理；项目干系人管理。

（2）项目干系人。

（3）项目采购。

（4）项目风险管理。

（5）项目沟通。

（6）项目资源。

（7）项目成本。

（8）项目范围。

知识点5　项目绩效域
（1）项目成果。
（2）干系人；团队；开发方法和生命周期；规划；项目工作；交付；测量；不确定性。

知识点6　价值交付系统
（1）项目如何创造价值；价值交付组件；信息流。
（2）干系人。
（3）组织内部环境。
（4）成果；成果；价值。
（5）信息；信息反馈。

第7章 项目立项管理 答案

第1节 项目建议与立项申请

知识点1 基础知识
（1）项目建议与立项申请；项目可行性研究；项目评估与决策。
（2）项目建议与立项申请；初步可行性研究；详细可行性研究；项目评估与决策。
（3）详细可行性研究。

知识点2 立项申请概念
（1）项目建议书。
（2）可行性研究。
（3）项目建议书。

知识点3 项目建议书的内容
（1）项目的必要性；（2）项目的市场预测；（3）项目预期成果（如产品方案或服务）的市场预测；（4）项目建设必需的条件。

第2节 项目可行性研究

知识点1 可行性研究的内容
（1）技术可行性分析；经济可行性分析；社会效益可行性分析；运行环境可行性分析；其他方面的可行性分析。
（2）进行项目开发的风险；人力资源的有效性；技术能力的可能性；物资（产品）的可用性。
（3）经济效益；支出分析；收益分析；收益投资比；投资回报分析。
（4）一次性支出；非一次性支出。
（5）直接收益；间接收益；其他方面。

知识点2　初步可行性研究

（1）辅助（功能）研究。

（2）需求与市场预测；设备与资源投入分析；空间布局，如网络规划、物理布局方案的选择；项目设计；项目进度安排；项目投资与成本估算。

知识点3　详细可行性研究

（1）可行性研究报告。

（2）科学性原则；客观性原则；公正性原则。

（3）有无比较法；增量净效益法。

第 3 节　项目评估与决策

（1）第三方。

（2）①成立评估小组；②开展调查研究；③分析与评估；④编写、讨论、修改评估报告；⑤召开专家论证会；⑥评估报告定稿并发布。

（3）项目概况；详细评估意见。

（4）真实；客观。

第8章 项目整合管理 答案

第 1 节 管理基础

知识点1 执行整合
（1）项目经理。
（2）项目经理。
（3）过程；认知；背景。

知识点2 整合的复杂性
（1）组织的系统行为；人类行为；组织或环境中的不确定性。
（2）①包含多个部分；②不同部分之间存在一系列关系；③不同部分之间的动态交互作用；④这些交互作用所产生的行为远远大于各部分的简单相加。

知识点3 管理新实践
①使用信息化工具；②使用可视化管理工具；③项目知识管理；④项目经理在项目以外的职责；⑤混合型方法。

知识点4 项目管理计划和项目文件
（1）项目管理计划；项目文件。
（2）范围管理计划；需求管理计划；进度管理计划；成本管理计划；质量管理计划；资源管理计划；沟通管理计划；风险管理计划；采购管理计划；干系人参与计划；变更管理计划；配置管理计划；范围基准；进度基准；成本基准；绩效测量基准；项目生命周期描述；开发方法。

第 2 节 项目整合管理过程

知识点1 过程概述、裁剪考虑因素、敏捷与适应方法
（1）①制定项目章程；②制订项目管理计划；③指导与管理项目工作；④管理项目

知识；⑤监控项目工作；⑥实施整体变更控制；⑦结束项目或阶段。

（2）项目生命周期；开发生命周期；知识管理；治理；效益。

（3）决策权。

第 3 节　制定项目章程

知识点1　基础知识

（1）批准项目；授权。

（2）明确项目与组织战略目标之间的直接联系；确立项目的正式地位；展示组织对项目的承诺。

（3）项目执行；项目需求。

（4）组织战略。

（5）制定项目章程。

（6）正式启动。

（7）项目以外的机构。

知识点2　输入、工具与技术、输出

（1）立项管理文件；协议；组织过程资产。

（2）项目建议书；可行性研究报告；项目评估报告等。

（3）合同；谅解备忘录；服务水平协议。

（4）合同。

（5）服务；成果。

（6）①高层级需求；②高层级项目描述、边界定义以及主要可交付成果；③整体项目风险；④总体里程碑进度计划；⑤关键干系人名单；⑥发起人或其他批准项目章程的人员的姓名和职权等；⑦委派的项目经理及其职责和职权；⑧项目目的；⑨可测量的项目目标和相关的成功标准；⑩项目退出标准；⑪项目审批要求；⑫预先批准的财务资源。

（7）假设条件；制约因素。

第 4 节　制订项目管理计划

知识点1　基础知识

（1）所有组成。

（2）综合文件。

（3）执行；监控。
（4）详细。
（5）范围；时间；成本。

知识点2　输入

项目章程；其他过程的输出；事业环境因素；组织过程资产。

知识点3　工具与技术

（1）专家判断；数据收集。
（2）核对单。

知识点4　输出

（1）子管理计划；基准；组件信息。
（2）范围管理计划；需求管理计划；进度管理计划；成本管理计划；质量管理计划；资源管理计划；沟通管理计划；风险管理计划；采购管理计划；干系人参与计划。
（3）范围基准；进度基准；成本基准。
（4）变更管理计划；配置管理计划；绩效策略基准；项目生命周期；开发方法。

第 5 节　指导与管理项目工作

知识点1　基础知识

已批准变更。

知识点2　输入

项目管理计划；批准的变更请求。

知识点3　输出

（1）可交付成果；工作绩效数据；变更请求。
（2）变更请求。

第 6 节　管理项目知识

知识点　基础知识、输入、工具与技术、输出

（1）项目管理计划；可交付成果。
（2）所有。

（3）知识管理；信息管理。
（4）经验教训登记册；组织过程资产更新。

第 7 节　监控项目工作

知识点　基础知识、输入、工具与技术、输出

（1）全部。
（2）工作绩效报告；变更请求。
（3）状态；进展。
（4）仪表指示图；热点报告；信号灯图。

第 8 节　实施整体变更控制

知识点　基础知识、输入、工具与技术、输出

（1）项目经理。
（2）一；项目发起人；项目经理。
（3）项目管理计划；工作绩效报告；变更请求。
（4）批准的变更请求；项目管理计划更新；项目文件更新。

第 9 节　结束项目或阶段

知识点1　基础知识

（1）组织团队资源。
（2）项目管理计划。

知识点2　输入

项目章程；项目管理计划；验收的可交付成果；立项管理文件；采购文档。

知识点3　输出

最终产品；服务或成果；项目最终报告；组织过程资产更新。

第9章

项目范围管理 答案

第1节 管理基础

知识点 产品范围和项目范围、管理新实践

（1）项目；产品。

（2）确定问题并识别商业需要；识别并推荐能够满足需要的可行解决方案；收集、记录并管理干系人需求满足商业和项目目标；推动项目集或项目产品、服务或最终成果成功应用。

第2节 项目范围管理过程

知识点 过程概述、裁剪考虑因素、敏捷与适应方法

（1）规划范围管理；收集需求；定义范围；创建WBS；确认范围；控制范围。

（2）知识和需求管理；确认和控制；需求的稳定性。

（3）细化范围；明确范围。

（4）收集需求；定义范围；创建WBS。

（5）确认范围；控制范围。

（6）经过批准的项目范围说明书；工作分解结构（WBS）；WBS词典。

第3节 规划范围管理

知识点1 基础知识

（1）项目；产品。

（2）管理范围。

知识点2 输入

（1）项目章程；项目管理计划；事业环境因素；组织过程资产。

（2）质量管理计划；项目生命周期描述；开发方法。

知识点3　输出

（1）范围管理计划；需求管理计划。
（2）范围管理计划。
（3）需求管理计划。

第 4 节　收集需求

知识点1　基础知识

（1）干系人。
（2）产品范围；项目范围。
（3）已量化；书面记录。
（4）范围基准。

知识点2　输入

（1）范围管理计划；需求管理计划；干系人参与计划。
（2）假设日志；干系人登记册。

知识点3　工具与技术

（1）头脑风暴；焦点小组；标杆对照。
（2）标杆对照。
（3）独裁型决策制定。
（4）多标准决策分析。
（5）亲和图；思维导图。
（6）名义小组技术；观察和交谈。
（7）旁站观察者；参与观察者。
（8）系统交互图。
（9）原型法。
（10）故事板。

知识点4　输出

（1）需求文件；需求跟踪矩阵。
（2）单一需求；业务需求；高层级。
（3）相互协调；主要干系人。

（4）①业务需求；②干系人需求；③解决方案需求；④过渡和就绪需求；⑤项目需求；⑥质量需求。

（5）需求跟踪矩阵。

（6）唯一标识；收录该需求的理由；优先级别。

第 5 节　定义范围

知识点1　基础知识

（1）项目和产品。

（2）边界；验收标准。

（3）需求文件。

（4）主要可交付成果；制约因素。

知识点2　输入

范围管理计划；假设日志；需求文件；风险登记册；组织过程资产。

知识点3　输出

（1）项目范围说明书。

（2）项目；产品；交付成果；项目范围

（3）产品范围描述；可交付成果；验收标准；项目的除外责任。

第 6 节　创建 WBS

知识点1　基础知识

（1）项目成果；项目工作。

（2）工作范围。

（3）项目范围说明书。

（4）工作包。

知识点2　输入

项目管理计划；项目文件。

知识点3　工具与技术

（1）专家判断；分解。

（2）自上而下；使用WBS模板。

（3）自下而上。

（4）①识别和分析可交付成果及相关工作；②确定WBS的结构和编排方法；③自上而下逐层细化分解；④为WBS组成部分制定和分配标识编码；⑤核实可交付成果分解的程度是否恰当。

（5）产品和项目可交付成果；主要可交付成果。

（6）滚动式规划。

（7）①WBS必须是面向可交付成果的；②WBS必须符合项目的范围；③WBS的底层应该支持计划和控制④WBS中的元素必须有人负责，而且只由一个人负责（独立责任原则）；⑤WBS应控制在4~6层；⑥WBS应包括项目管理工作；⑦WBS的编制需要所有（主要）项目干系人的参与；⑧WBS并非一成不变的。

知识点4 输出

（1）范围基准。

（2）项目范围说明书；WBS；工作包；规划包；WBS字典。

（3）控制账户；工作包；工作内容。

（4）一个或多。

第7节 确认范围

知识点1 基础知识

（1）

①确定需要进行范围确认的时间；②识别范围确认需要哪些投入；③确定范围正式被接受的标准和要素；④确定范围确认会议的组织步骤；⑤组织范围确认会议。

（2）验收；正确性；质量。

知识点2 输入

（1）核实的可交付成果；工作绩效数据。

（2）控制质量过程。

知识点3 输出

验收的可交付成果；工作绩效信息；变更请求。

第 8 节　控制范围

知识点1　输入
（1）范围管理计划；变更管理计划；范围基准。
（2）工作绩效数据。

知识点2　工具与技术
偏差分析；趋势分析。

知识点3　输出
工作绩效信息；变更请求；项目管理计划更新；项目文件更新。

第10章

项目进度管理 答案

第1节 管理基础

知识点1 基础知识

规划进度管理；定义活动；排列活动顺序；估算活动持续时间；制订项目进度计划；控制进度。

知识点2 项目进度计划的定义和总要求

（1）产品、服务和成果；干系人期望。
（2）
①选择进度计划方法，例如关键路径法；
②将项目特定数据，如活动、计划日期、持续时间、资源、依赖关系和制约因素等输入进度计划编制工具，创建项目进度模型；
③根据进度模型形成项目进度计划。

知识点3 管理新实践

一是在运营或持续环境中以增量方式研发产品的项目；
二是工作任务的规模或范围相对类似的项目；
三是可以按照规模或范围对任务进行组合的项目。

第2节 项目进度管理过程

知识点1 过程概述、裁剪考虑因素、敏捷与适应方法

（1）规划进度管理；定义活动；排列活动顺序；估算活动持续时间；制订进度计划；控制进度。
（2）生命周期方法；资源可用性；项目维度；技术支持。

第 3 节　规划进度管理

知识点1　基础知识

（1）项目进度。
（2）整个项目。

知识点2　输入、工具与技术、输出

（1）范围管理计划；开发方法。
（2）产品开发方法。
（3）项目进度模型；精准度；WBS；控制临界值；绩效测量规则。
（4）挣值管理。

第 4 节　定义活动

知识点1　基础知识

（1）采取的具体行动。
（2）工作包。

知识点2　输入

进度管理计划；范围基准。

知识点3　工具与技术

分解；滚动式规划。

知识点4　输出

（1）活动清单；里程碑清单；变更请求。
（2）活动清单。
（3）唯一活动标识；WBS 标识。
（4）里程碑。

第 5 节　排列活动顺序

知识点1　基础知识

基本概念

（1）项目活动之间。

（2）逻辑顺序。

知识点2　输入

（1）进度管理计划；范围基准。

（2）活动属性；活动清单；里程碑清单。

知识点3　工具与技术

1.紧前关系绘图法

（1）前导图；节点；活动；箭头；单代号网络；活动节点。

（2）节点。

（3）开始到完成；完成到完成；开始到开始；完成到开始。

（4）最早开始时间；最早完成时间；最迟开始时间；最迟完成时间。

（5）

最早开始时间	工期	最早完成时间
活动时间		
最迟开始时间	总浮动时间	最迟完成时间

2.箭线图法

（1）箭线；节点。

（2）双代号网络图；活动箭线图。

（3）节点；箭线。

（4）每一项活动；每一个事件；唯一。

（5）至少有一个不相同；大。

（6）紧后活动；紧前活动。

（7）虚箭线；时间；资源。

3.提前量和滞后量

（1）紧前；紧后；负。

（2）紧前；紧后；正。

知识点4　输出

（1）项目进度网络图。

（2）路径汇聚；路径分支；风险。

第 6 节　估算活动持续时间

知识点1　基础知识

基本概念

（1）单项活动。

（2）收益递减规律；资源数量；员工激励。

知识点2　输入

（1）进度管理计划；范围基准。

（2）活动属性；假设日志；里程碑清单；资源分解结构。

知识点3　工具与技术

类比估算；参数估算；三点估算；自下而上估算。

1.类比估算

（1）历史数据。

（2）较低；较少；较低。

2.参数估算

（1）统计关系；其他变量。

（2）参数模型；基础数据。

3.三点估算

（1）乐观时间；最可能时间；悲观时间。

（2）(To+Tm+Tp)/3；(To+4Tm+Tp)/6。

知识点4　输出

（1）持续时间估算；估算依据。

（2）滞后量。

第 7 节　制订进度计划

知识点1　基础知识

基本概念

（1）持续时间；进度制约因素；进度模型。

（2）计划日期。

（3）整个项目。
（4）持续时间；资源；进度储备。

知识点2　输入

进度管理计划；范围基准。

知识点3　工具与技术

1.关键路径法

（1）最短工期。

（2）最早开始时间。

（3）最迟结束时间。

（4）关键路径；总浮动时间；自由浮动时间。

（5）多。

（6）总浮动时间。

（7）最早完成时间；最早开始时间。

（8）最早开始；推迟。

2.资源优化

（1）资源平衡；资源平滑。

（2）资源平衡。

（3）关键路径改变。

（4）改变项目的关键路径；完工日期；所有资源的优化。

3.进度压缩

（1）赶工；快速跟进。

（2）赶工。

（3）快速跟进。

4.计划评审技术

（1）三点估算技术；随机。

（2）$\sigma_i^2 = \dfrac{(b_i - a_i)^2}{36}$

知识点4　输出

（1）进度基准；项目进度计划；项目日历。

（2）进度模型；变更控制程序。

（3）基准开始；基准结束。

（4）计划开始；计划完成。

（5）横道图；里程碑图；项目季度网络图。

（6）进度里程碑；进度活动。

第 8 节　控制进度

知识点1　输入

进度管理计划；进度基准；范围基准。

知识点2　工具与技术

挣值分析；迭代燃尽图；趋势分析；假设情景分析。

知识点3　输出

工作绩效信息；进度预测；变更请求。

第11章

项目成本管理 答案

第1节 管理基础

知识点1 基础知识
（1）批准的预算。
（2）使用；维护；支持。

知识点2 重要性和意义
对工程项目认识不足；组织制度不健全；方法问题；技术的制约；需求管理不当。

知识点3 相关术语和定义、管理新实践
（1）最终产品的全生命周期。
（2）可变成本；固定成本；直接成本；间接成本；机会成本；沉没成本。
（3）已知-未知。
（4）未知-未知。

第2节 项目成本管理过程

知识点 过程概述、裁剪考虑因素、敏捷与适应方法
（1）规划成本管理；估算成本；制定预算；控制成本。
（2）知识管理；估算和预算；挣值管理；敏捷方法的使用；治理。
（3）轻量级估算；准时。

第3节 规划成本管理

知识点1 基础知识
（1）项目成本。

（2）成本管理过程。

知识点2　输入

（1）项目章程；项目管理计划。

（2）预先批准的财务资源。

（3）进度管理计划；风险管理计划。

知识点3　输出

（1）成本管理计划。

（2）计量单位；精确度；控制临界值。

第4节　估算成本

知识点1　基础知识

基本概念

（1）近似估算。

（2）量化。

（3）通货膨胀。

知识点2　输入

（1）成本管理计划；质量管理计划；范围基准。

（2）项目进度计划；资源需求。

知识点3　工具与技术

（1）类比估算；参数估算；三点估算；自下而上估算。

（2）备选方案分析；储备分析；质量成本。

知识点4　输出

（1）成本估算；估算依据。

（2）应急储备。

（3）清晰；完整。

第5节　制定预算

知识点1　基础知识

（1）估算成本；成本基准。

（2）成本基准。

知识点2　输入

（1）项目文件；商业文件。
（2）成本管理计划；范围基准。
（3）商业论证；效益管理计划。

知识点3　输出

（1）成本基准；项目资金需求。
（2）项目预算；管理储备。

第6节　控制成本

知识点1　输入

（1）成本管理计划；成本基准。
（2）支出；债务。

知识点2　工具与技术

（1）挣值分析；偏差分析；储备分析。
（2）计划值；实际成本；挣值；进度偏差；进度绩效指数；成本偏差；成本绩效指数。
（3）管理储备。
（4）EV；PV；>；<；=。
（5）EV；AC；<；>；=。
（6）BAC-EV；(BAC-EV)/CPI。
（7）TCPI=(BAC-EV)/(BAC-AC)。

知识点3　输出

工作绩效信息；成本预测；变更请求。

第12章

项目质量管理 答案

第 1 节　管理基础

知识点1　质量与项目质量
（1）明确和隐含需求。
（2）工作。
（3）项目范围。

知识点2　质量管理
（1）规划；保证；控制；改进。
（2）①通常代价最大的方法是让客户发现缺陷；②控制质量过程包括先检测和纠正缺陷，再将可交付成果发送给客户；③通过质量保证检查并纠正过程本身；④将质量融入项目和产品的规划和设计中；⑤在整个组织内创建一种关注并致力于实现过程和产品质量的文化。

知识点3　质量管理标准体系
（1）GB/T 19000；GB/T 19001；GB/T 19002；GB/T 19004；GB/T 19011。
（2）员；过程；组织。
（3）全员参加的质量管理；全过程的质量管理；全面方法的质量管理；全面结果的质量管理。

知识点4　管理新实践
客户满意；持续改进；与供应商的互利合作关系。

第 2 节　项目质量管理过程

知识点　过程概述、裁剪考虑因素、敏捷与适应方法
（1）规划质量管理；管理质量；控制质量。

（2）政策合规与审计；标准与法规合规性；持续改进；干系人参与。

第 3 节　规划质量管理

知识点1　基础知识
基本概念
（1）质量要求；标准。
（2）管理；核实。

知识点2　输入
（1）项目章程；项目管理计划；项目文件。
（2）需求管理计划；风险管理计划；范围基准。

知识点3　工具与技术
（1）标杆对照；头脑风暴。
（2）成本效益分析；质量成本。
（3）预防成本；预估成本；失败成本。
（4）预防成本；预估成本。
（5）不一致成本。
（6）流程图；矩阵图。

知识点4　输出
质量管理计划；质量测量指标。

第 4 节　管理质量

知识点1　基础知识
（1）质量管理计划。
（2）无效；质量低劣。
（3）所有人。

知识点2　输入
质量管理计划。

知识点3　工具与技术

（1）备选方案分析；过程分析；根本原因分析。
（2）因果；流程；直方；散点。
（3）亲和。
（4）鱼刺；石川。
（5）矩阵。
（6）散点。

知识点4　输出

质量报告；测试与评估文件。

第5节　控制质量

知识点1　输入

（1）质量管理计划。
（2）项目管理计划；批准的变更请求；可交付成果；工作绩效数据。

知识点2　工具与技术

（1）核对单；核查表；统计抽样。
（2）绩效审查；根本原因分析。

知识点3　输出

质量控制测量结果；核实的可交付成果；工作绩效信息；变更请求。

第13章 项目资源管理 答案

第1节 管理基础

知识点 相关术语和定义、管理新实践

（1）核心团队；领导团队。
（2）职位权力；惩罚权力；奖励权力；专家权力；参照权力。
（3）职位权力；惩罚权力；奖励权力；专家权力；参照权力。
（4）形成阶段；震荡阶段；规范阶段；发挥阶段；解散阶段。
（5）资源管理方法；情商；自组织团队；虚拟团队/分布式团队。

第2节 项目资源管理过程

知识点 过程概述、裁剪考虑因素、敏捷与适应方法

（1）规划资源管理；估算活动资源；获取资源；建设团队；管理团队；控制资源。
（2）多元化；物理位置；行业特定资源；团队成员的获得；团队管理；生命周期方法。
（3）成本；进度。

第3节 规划资源管理

知识点1 输入

（1）项目章程；项目管理计划。
（2）质量管理计划；范围基准。

知识点2 工具与技术

（1）层级；矩阵；文本。
（2）层级型；详细职责。

知识点3　输出

（1）资源管理计划；团队章程。
（2）团队管理计划；实物资源管理计划。

第 4 节　估算活动资源

知识点　输入、工具与技术、输出

（1）项目管理计划；事业环境因素。
（2）资源需求；资源分解结构。
（3）工作包；WBS 分支。

第 5 节　获取资源

知识点1　基础知识

（1）方式；时间。
（2）物质资源分配；项目团队派工。

知识点2　输入

资源管理计划；采购管理计划。

知识点3　工具与技术

多标准决策分析；谈判；预分派；虚拟团队。

知识点4　输出

物资资源分配单；项目团队派工单；资源日历。

第 6 节　建设团队

知识点1　基础知识

（1）沟通；团队建设；信任；冲突；合作型；决策。
（2）形成阶段；震荡阶段；规范阶段；成熟阶段；解散阶段。

知识点2　输入、工具与技术、输出

（1）项目进度计划；项目团队派工单；团队章程。

（2）集中办公。
（3）团队绩效评价。

第 7 节　管理团队

知识点1　输入
（1）工作绩效报告；团队绩效评价。
（2）遣散项目团队资源。

知识点2　工具与技术
冲突管理
（1）资源稀缺；进度优先级排序。
（2）潜伏阶段；感知阶段；感受阶段；呈现阶段；结束阶段。
（3）撤退/回避；缓和/包容；妥协/调解；强迫/命令；合作/解决问题。

第 8 节　控制资源

知识点1　基础知识
（1）确保所分配的资源适时、适地可用于项目；资源在不再需要时被释放。
（2）①监督资源支出；②及时识别和处理资源缺乏/剩余情况；③确保根据计划和项目需求使用并释放资源；④出现资源相关问题时通知相应干系人；⑤影响可以导致资源使用变更的因素；⑥在变更实际发生时对其进行管理。

知识点2　输入、输出
（1）资源管理计划。
（2）物质资源分配单；资源分解结构；资源需求。
（3）工作绩效信息；变更请求；项目文件更新。

第14章

项目沟通管理 答案

第1节 管理基础

知识点 沟通、模型、分类、技巧、管理新实践

（1）编码；信息和反馈信息；媒介；噪声；解码。

（2）已发送；已收到；已理解；已认可；已转化为积极的行动。

（3）内部沟通；外部沟通；正式沟通；非正式沟通；层级沟通；官方沟通；非官方沟通；书面与口头沟通。

（4）沟通目的明确；尽量了解沟通接收方，满足其需求及偏好；监督并衡量沟通的效果。

（5）将干系人纳入项目评审范围；让干系人参加项目会议；社交工具的使用日益增多；多面性沟通方法。

第2节 项目沟通管理过程

知识点 过程概述、裁剪考虑因素、敏捷与适应方法

（1）规划沟通管理；管理沟通；监督沟通。

（2）干系人；物理地点；沟通技术；语言；知识管理。

（3）团队检查；集中办公。

第3节 规划沟通管理

知识点1 基础知识

（1）项目沟通活动。

（2）有效参与项目。

知识点2　输入

（1）项目章程；项目管理计划；项目文件。
（2）资源管理计划；干系人参与计划。

知识点3　工具与技术

（1）沟通需求分析；沟通技术；沟通模型；沟通方法。
（2）反馈元素。
（3）拉式沟通；互动沟通。

知识点4　输出

沟通管理计划；项目管理计划更新。

第 4 节　管理沟通

知识点1　输入

（1）资源管理计划；沟通管理计划；干系人参与计划。
（2）工作绩效报告。
（3）状态报告；进展报告。

知识点2　工具与技术

（1）对话；会议；数据库；社交媒体。
（2）沟通胜任力；反馈；演示。
（3）文化意识；会议管理；人际交往。

知识点3　输出

绩效报告；进度进展；演示。

第 5 节　监督沟通

知识点　输入

（1）沟通管理计划；干系人参与计划。
（2）问题日志；项目沟通记录。

第15章

项目风险管理 答案

第 1 节　管理基础

知识点1　项目风险概述
（1）单个风险；整体项目风险。
（2）负面；正面。

知识点2　风险的属性
（1）随机；相对；可变。
（2）收益的大小；投入的大小；项目活动主体的地位和拥有的资源。
（3）风险性质；风险后果；出现新风险。

知识点3　风险的分类
（1）纯粹风险；投机风险。
（2）人为风险；自然风险。
（3）可管理的风险；不可管理的风险。
（4）局部风险；总体风险。
（5）已知风险；可预测风险；不可预测风险。

知识点4　风险成本及其负担、管理新实践
（1）有形；无形；预防与控制风险。
（2）非实践类风险；项目韧性。
（3）变异性；模糊性。

第 2 节　项目风险管理过程

知识点　过程概述、裁剪考虑因素、敏捷与适应方法
（1）规划风险管理；识别风险；实施定性风险分析；实施定量风险分析；规划风

应对；实施风险应对；监督风险。
（2）项目规模；项目复杂性；项目重要性；开发方法。

第 3 节　规划风险管理

知识点　基础知识、输入、工具与技术、输出
（1）风险程度。
（2）项目章程；项目管理计划。
（3）干系人登记册。
（4）风险管理计划。
（5）风险管理策略；角色与职责；资金；风险类别；风险概率和影响；概率和影响矩阵。

第 4 节　识别风险

知识点1　输入
项目管理计划；协议；采购文档。

知识点2　工具与技术
（1）数据收集；数据分析；提示清单。
（2）优势；劣势；威胁。

知识点3　输出
（1）风险登记册；风险报告。
（2）已识别风险的清单；潜在风险责任人。

第 5 节　实施定性风险分析

知识点1　基础知识
（1）优先级排序。
（2）规划风险应对过程。

知识点2　输入
（1）风险管理计划。

（2）假设日志；风险登记册；干系人登记册。

知识点3　工具与技术

（1）风险数据质量评估；风险概率和影响评估。

（2）概率和影响矩阵；层级图。

知识点4　输出

风险登记册；风险报告。

第6节　实施定量风险分析

知识点1　基础知识

（1）量化；风险应对。

（2）大型或复杂；主要干系人要求进行定量分析。

知识点2　输入

（1）风险管理计划；范围基准；成本基准。

（2）完工尚需估算；完工估算；完工预算；完工尚需绩效指数。

知识点3　工具与技术

（1）敏感性分析；决策树分析；影响图。

（2）正态分布；对数正态分布；贝塔分布；离散分布。

第7节　规划风险应对

知识点1　基础知识

（1）应对策略；应对行动。

（2）一名责任人。

（3）次生风险。

知识点2　输入

风险管理计划；成本基准。

知识点3　工具与技术

1.威胁应对策略

（1）上报；规避；转移；减轻；接受。

（2）转移。

（3）主动；被动。

（4）建立应急储备。

2.机会应对策略

上报；开拓；分享；提高；接受。

3.整体项目风险应对策略

规避；开拓；转移或分享；减轻或提高；接受。

第 8 节　实施风险应对

知识点　输入、输出

（1）经验教训登记册；风险登记册；风险报告。

（2）风险管理计划。

（3）变更请求。

第 9 节　监督风险

知识点1　输入

（1）风险管理计划。

（2）工作绩效数据；工作绩效报告。

知识点2　工具与技术

（1）技术绩效分析；储备分析。

（2）项目风险管理计划。

第 10 节　风险管理示例

知识点　基础知识

（1）风险清单。

（2）需求分析。

第16章

项目采购管理 答案

第1节 管理基础

知识点 协议/采购合同、管理新实践

（1）协议。
（2）服务水平协议；协议备忘录。

第2节 项目采购管理过程

知识点 过程概述、裁剪考虑因素、敏捷与适应方法

（1）规划采购管理；实施采购；控制采购。
（2）采购的复杂性；治理和法规环境；承包商的可用性。
（3）扩充团队。

第3节 规划采购管理

知识点1 基础知识

（1）潜在卖方。
（2）
①准备采购工作说明书（SOW）或工作大纲（TOR）；
②准备高层级的成本估算，制定预算；
③发布招标广告；
④确定合格卖方的名单；
⑤准备并发布招标文件；
⑥由卖方准备并提交建议书；
⑦对建议书开展技术（包括质量）评估；
⑧对建议书开展成本评估；

⑨准备最终的综合评估报告（包括质量及成本），选出中标建议书；
⑩结束谈判，买方和卖方签署合同。

知识点2　输入、工具与技术、输出

（1）成本补偿；混合类型工料。
（2）固定总价；总价加激励费用；总价加经济价格调整。
（3）成本加固定费用；成本加激励费用；成本加奖励费用。
（4）仅凭资质；基于质量和成本；唯一来源。
（5）总价。
（6）成本补偿。
（7）报价邀请书。

第 4 节　实施采购

知识点　输入、工具与技术、输出

（1）招标文件；采购工作说明书；独立成本估算；供方选择标准。
（2）
①采购工作说明书或主要的可交付成果；
②进度计划、里程碑，或进度计划中规定的日期；
③绩效报告；
④定价和支付条款；
⑤检查、质量和验收标准；
⑥担保和后续产品支持；
⑦激励和惩罚；
⑧保险和履约保函；
⑨下属分包商批准；
⑩一般条款和条件；
⑪变更请求处理；
⑫终止条款和替代争议解决方法等。

第 5 节　控制采购

知识点1　基础知识

（1）合同绩效；关闭合同。

（2）采购审计。

知识点2　输入

（1）需求管理计划；采购管理计划；进度基准。
（2）里程碑清单；需求文件；需求跟踪矩阵；风险登记册。

知识点3　工具与技术

（1）索赔管理；数据分析；审计。
（2）谈判。

知识点4　输出

采购关闭；工作绩效信息；采购文档更新；变更请求。

第6节　项目合同管理

知识点1　合同的类型

（1）项目总承包；项目分包。
（2）总价。
（3）工料。
（4）成本补偿。
（5）单边。

知识点2　合同的内容、合同管理过程

（1）合同的履行管理；合同的档案管理；合同的违约索赔管理。
（2）谈判（协商）；调解；仲裁；诉讼。
（3）

①双方当事人协商，并且不因此而损坏国家和社会利益；

②由于不可抗拒力导致合同义务不能执行；

③由于另一方在合同约定的期限内没有履行合同，并且在被允许的推迟履行期限内仍未履行。

（4）主导语言原则；适用法律原则；整体解释原则；公平诚信原则。

第17章

项目干系人管理 答案

第1节 管理基础

知识点 管理的重要性、管理新实践
（1）项目目标。
（2）需求和期望；利益冲突；决策和活动。

第2节 项目干系人管理过程

知识点 过程概述、裁剪考虑因素、敏捷与适应方法
（1）识别干系人；规划干系人参与；管理干系人参与；监督干系人参与。
（2）干系人多样性；干系人关系的复杂性；沟通技术。

第3节 识别干系人

知识点1 输入
（1）项目章程；立项管理文件；沟通管理计划；干系人参与计划；问题日志；需求文件；协议；组织过程资产。
（2）干系人。
（3）问题日志。
（4）需求文件。

知识点2 工具与技术
（1）权利；所有权；贡献。
（2）作用影响方格；干系人立方体；凸显模型；优先级排序。
（3）职权级别；利益；影响。
（4）干系人立方体。

（5）权力；紧迫性；合法性。
（6）向上；向下；向外；横向。

知识点3　输出

（1）干系人登记册；变更请求；项目文件更新。
（2）已识别干系人、评估信息。

第4节　规划干系人参与

知识点　输入、工具与技术、输出

（1）资源管理计划；沟通管理计划；风险管理计划。
（2）不了解；抵制；中立；支持。
（3）干系人参与计划。

第5节　管理干系人参与

知识点　基础知识、输入

沟通管理计划；干系人参与计划；变更管理计划。

第6节　监督干系人参与

知识点　输入、工具与技术

（1）沟通管理计划；干系人参与计划。
（2）备选方案分析；根本原因分析；干系人分析。
（3）反馈；演示。

第18章
项目绩效域 答案

知识点1　干系人绩效域

（1）重点促进干系人的参与。

（2）

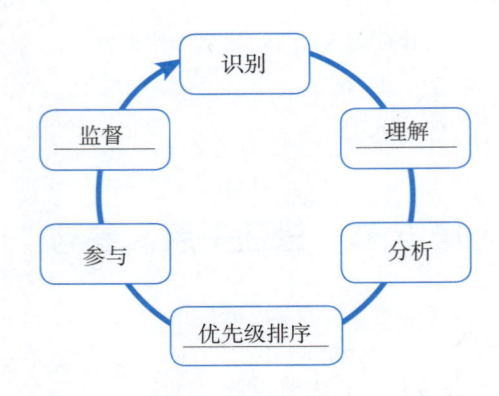

识别 → 理解 → 分析 → 优先级排序 → 参与 → 监督 →（识别）

（3）

预期目标	指标及检查方法
<u>建立高效的工作关系</u>	<u>干系人参与的连续性</u>：通过观察、记录方式，对干系人参与的连续性进行衡量
<u>干系人认同项目目标</u>	<u>变更的频率</u>：对项目范围、产品需求的大量变更或修改可能表明干系人没有参与进来或与项目目标不一致
<u>提高支持项目的干系人的满意度，减少反对者的负面影响</u>	干系人满意度：可通过调研、<u>访谈</u>和<u>焦点小组</u>方式，确定干系人满意度，判断干系人是否感到满意和表示支持，或者他们对项目及其可交付物是否表示反对 干系人相关问题和风险：对项目问题日志和风险登记册的审查可以识别与单个干系人有关的问题和风险

知识点2　团队绩效域

（1）项目团队文化；高绩效项目团队；领导力技能；人际关系技能。

（2）

预期目标	指标及检查方法
<u>共享责任</u>	目标和责任心：所有项目团队成员都了解愿景和目标。项目团队对项目的可交付物和项目成果承担责任

续表

预期目标	指标及检查方法
建立高绩效团队	信任与协作程度：项目团队彼此信任，相互协作 适应变化的能力：项目团队适应不断变化的情况，并在面对挑战时有韧性 彼此赋能：项目团队感到被赋能，同时项目团队对其成员赋能并认可
所有团队成员都展现出相应的<u>领导力和人际关系技能</u>	管理和领导力风格适宜性：项目团队成员运用批判性思维和人际关系技能；项目团队成员的管理和领导力风格适合项目的背景和环境

（3）建立和维护愿景；判性思维；激励；人际关系技能。

知识点3 开发方法和生命周期绩效域

（1）交付节奏；开发方法；开发方法的选择；交付节奏；开发方法。

（2）预测型方法；混合型方法；适应型方法。

（3）

预期目标	指标及检查方法
<u>开发方法</u>与<u>项目可交付物</u>相符合	<u>产品质量和变更成本</u>：采用适宜的开发方法（预测型、混合型或适应型），可交付物的产品变量比较高，变更成本相对较小
将<u>项目交付</u>与<u>干系人价值</u>紧密联系	<u>价值导向型项目阶段</u>：按照价值导向将项目工作从启动到收尾划分为多个项目阶段，项目阶段中包括适当的退出标准
项目生命周期由促进交付节奏的项目阶段和产生项目交付物所需的开发方法组成	<u>适宜的交付节奏和开发方法</u>：如果项目具有多个可交付物，且交付节奏和开发方法不同，可将生命周期阶段进行重叠或重复

知识点4 规划绩效域

（1）项目估算；沟通规划；采购规划；度量指标和一致性。

（2）

预期目标	指标及检查方法
项目以<u>有条理、协调一致</u>的方式推进	<u>绩效偏差</u>：对照项目基准和其他度量指标对项目结果进行绩效审查表明项目正在按计划进行，绩效偏差处于临界值范围内
<u>应用系统的方法交付项目成果</u>	<u>规划的整体性</u>：交付进度、资金提供、资源可用性、采购等表明项目是以整体方式进行规划的，没有差距或不一致之处

续表

预期目标	指标及检查方法
对演变情况进行详细说明	规划的详尽程度：与当前信息相比，可交付物和需求的初步信息是适当的、详尽的；与可行性研究与评估相比，当前信息表明项目可以生成预期的可交付物和成果
规划投入的时间成本是适当的	规划适宜性：项目计划和文件表明规划水平适合于项目
规划的内容对管理干系人的需求而言是充分的	规划的充分性：沟通管理计划和干系人信息表明沟通足以满足干系人的期望
可以根据新出现的和不断变化的需求进行调整	可适应变化：采用待办事项列表的项目，在整个项目期间会对各个计划做出调整。采用变更控制过程的项目具有变更控制委员会，会议的变更日志和文档表明变更控制过程正在得到应用

知识点5　项目工作绩效域

（1）项目过程；管理沟通和参与；监督新工作和变更。

（2）

预期目标	指标及检查方法
高效且有效的项目绩效	通过状态报告可以表明项目工作有效率且有效果
适合项目和环境的项目过程	证据表明，项目过程是为满足项目和环境的需要而裁剪的相关性和有效性
干系人适当的沟通和参与	沟通有效性：项目沟通管理计划和沟通文件表明，所计划的信息与干系人进行了沟通，如有新的信息沟通需求或误解，可能表明干系人的沟通和参与活动缺乏成效
对实物资源进行了有效管理	资源利用率：所用材料的数量、抛弃的废料和返工量表明，资源正得到高效利用
对采购进行了有效管理	所采用的适当流程足以开展采购工作，而且承包商正在按计划开展工作
有效处理了变更	使用预测型方法的项目已建立变更日志，该日志表明，正在对变更做出全面评估，同时考虑了范围、进度、预算、资源、干系人和风险的影响；采用适应型方法的项目已建立待办事项列表，该列表显示完成范围的比率和增加新范围的比率
通过持续学习和过程改进提高了团队能力	团队绩效：团队状态报告表明错误和返工减少，而效率提高

知识点6　交付绩效域

（1）项目有助于实现业务目标和战略；在预定时间内实现了项目收益；干系人接受

项目可交付物和成果，并对其满意。

（2）价值的交付；可交付物；质量。

知识点7　度量绩效域

（1）数据充分，可支持决策；及时采取行动，确保项目最佳绩效。

（2）制定有效的度量指标；度量内容及相应指标；展示度量信息和结果；度量陷阱；基于度量进行诊断；持续改进。

知识点8　不确定绩效域

（1）①运行环境；技术；社会；政治；市场；经济环境；②识别；分析；应对不确定性；③多个因素之间的相互依赖关系；④威胁和机会；问题的后果；⑤不确定性对项目交付的负面影响；⑥改进项目的绩效和成果；⑦成本和进度储备；与项目目标保持一致。

（2）风险；模糊性；复杂性；不确定性的应对方法。

第19章

配置与变更管理 答案

第1节 配置管理

知识点1 管理基础

1.配置项

（1）完整性；可跟踪性。

（2）基线配置项；非基线配置项。

（3）基线配置项。

（4）非基线配置项。

（5）配置管理员。

（6）开发人员；读取；非基线配置项。

2.配置项的状态

（1）草稿；正式；修改。

（2）草稿。

（3）正式；修改；正式。

3.配置项版本号

（1）草稿。

（2）正式；1.0。

（3）修改。

4.配置项版本管理

不能抛弃旧版本。

5.配置基线

（1）遵循正式的变更控制程序。

（2）用户；发行基线；构造基线。

6.配置库

（1）开发库；受控库；产品库。

（2）开发库；开发人员。

（3）受控库。

（4）产品库；最终产品；产品库。

知识点2　角色与职责

1.配置管理负责人

所有活动；配置管理过程；配置项责任人；配置审计员。

2.配置管理员

配置项识别；建立和管理基线；版本管理和配置控制；配置状态报告；配置审计；发布管理和交付。

3.配置项负责人

配置项的所有变更；维护配置项之间的关系；配置项差异。

知识点3　目标与方针

配置管理关键成功因素

所有；被记录；分类；所有；编号；审计；配置负责人。

知识点4　管理活动

1.配置管理日常活动

制订配置管理计划；配置项识别；配置项控制；配置状态报告；配置审计；配置管理回顾与改进。

2.配置项控制流程

变更申请；变更评估；CCB；通告评估结果；变更实施；变更验证与确认；配置管理员。

3.基于配置库的变更控制流程

产品库；受控库；受控库；开发库；锁定；检入；受控库；产品库；继续保存。

4.配置审计

（1）功能配置审计；一致性；圆满完成；符合要求。

（2）物理配置审计；完整性；是否存在；是否包含。

第 2 节　变更管理

知识点1　管理基础

变更的分类

重大变更；重要变更；一般变更；不同审批权限。

知识点2　管理原则

变更管理的原则

项目基准化；规范化。

知识点3　变更的角色与职责

1. 项目经理

响应变更提出者的需求；评估变更对项目的影响；技术要求；资源需求；调整基准。

2. 变更管理负责人

解决方案。

知识点4　变更工作程序

变更的工作程序

（1）变更申请；书面记录；各种形式；书面形式；项目经理。

（2）对变更的初审；变更申请文档。

（3）变更方案论证。

（4）变更审查。

（5）发出通知并实施。

（6）实施监控；项目经理；CCB。

（7）效果评估。

（8）变更收尾。

知识点5　变更控制

（1）进度；成本；合同。

（2）可以精简。

第 3 节 项目文档管理

知识点1 管理基础

信息系统文档的分类

（1）开发文档。

（2）产品文档。

（3）管理文档。

知识点2 规则和方法

文档书写规范；图表编号规则；文档目录编写标准；文档管理制度。

第20章

高级项目管理 答案

第1节 项目集管理

知识点1 项目集定义

相互关联；被协调管理；获得分别管理无法获得的利益。

知识点2 项目集管理角色和职责

（1）项目集发起人和收益人。
（2）项目集经理。
（3）项目集指导委员会。

知识点3 项目集管理绩效域

（1）项目集战略一致性。
（2）项目集效益管理。
（3）项目集干系人参与。
（4）项目集治理。
（5）定义；交付；收尾。

第2节 项目组合管理

知识点1 项目组合定义

战略目标；不一定。

知识点2 项目组合管理绩效域

1.项目组合管理绩效域构成

项目组合生命周期；项目组合战略管理；项目组合治理；项目组合产能与能力管理；项目组合干系人参与；项目组合价值管理；项目组合风险管理。

2.项目组合生命周期

启动；规划；执行；优化。

3.项目组合产能与能力管理

（1）最大化资源应用；最小化资源冲突。

（2）①人力资本；②财务成本；③资产；④智力资本。

（3）①产能规划；②供应与需求管理；③供应与需求优化。

4.项目组合干系人参与

干系人的定义和识别；项目组合干系人分析；规划干系人参与；识别沟通管理方法；管理项目组合沟通。

5.项目组合价值管理

协商期望的价值；最大化价值；实现价值；测量价值；报告价值。

6.项目组合风险管理

风险管理规划；风险识别；风险评估；风险应对。

第3节 组织级项目管理

知识点1 组织级项目管理框架

OPM治理；OPM方法论；知识管理；人才管理。

知识点2 组织级项目成熟度模型

（1）初始或临时的OPM；无法可靠预测。

（2）项目层级采用OPM；最佳实践。

（3）组织定义的OPM；主动的；可预测的。

（4）量化管理的OPM；数据；量化。

（5）持续优化的OPM。

第4节 量化项目管理

知识点1 管理基础

（1）数据；统计；关键的决策点。

（2）目标；科学；量化。

知识点2　量化管理理论及应用

1.量化管理理论

（1）①工时定额化；②分工合理化；③程序标准化；④薪酬差额化；⑤管理职能化。

（2）①任务定额化；②程序标准化；③薪酬差额化。

2.统计过程控制

（1）预防性；全员参与。

（2）整个过程；过程。

（3）正态分布。

3.量化管理应用

（1）零缺陷；预防控制；过程控制；管理流程；管理指标的量化。

（2）①定义；②度量；③分析；④改进；⑤控制。

（3）5。

（4）①目标管理机制；②量化监控机制；③量化预测能力；④持续优化机制。

知识点3　组织级量化管理

定义组织量化过程性能目标

（1）开发性活动；验证性活动。

（2）开发性活动；较大；较大。

（3）验证性活动；缺陷的移除。

（4）过程性能基线；控制图；变异分析；回归分析；敏感度分析；蒙特卡洛模拟；假设检验。

（5）基准对照；溯源分析；数据自回归。

（6）获取所需数据；分析数据特征；建立过程性能基线。

知识点4　项目级量化管理

项目级量化管理的内容

①项目过程性能目标定义；②过程优化组合；③过程性能监控；④项目性能预测。

第 5 节　项目管理实践模型

知识点1　CMMI模型

1.CMMI模型实践

行动；管理；使能；提高。

2.CMMI级别与表示方法

（1）初始级。

（2）管理级。

（3）定义级。

（4）量化管理级。

（5）优化级。

3.基于CMMI的过程改进

（1）①定义改进目标；②建立改进团队；③开展差距分析；⑤过程部署。

（2）基准评估；维持性评估；评价评估。

知识点2　PRINCE2模型

（1）原则；主题；流程；项目环境。

（2）①持续的业务验证；②吸取经验教训；③明确定义的角色和职责；④按阶段管理；⑤例外管理；⑥关注产品；⑦根据项目剪裁。

（3）①立项评估；②组织；③质量；④计划；⑤风险；⑥变更；⑦进展。

（4）流程。

第21章

项目管理科学基础 答案

第1节 工程经济学

知识点1 资金的时间价值与等值计算

1.资金的时间价值与等值计算的概念

（1）等额资金；价值。

（2）盈利；利息。

（3）投资收益率；通货膨胀率；项目投资的风险。

（4）资金等值。

2.利息、利率及其计算

（1）$F_n=P+I_n$

F 为本利和；P 为本金；I 为利息（n 表示计算利息的周期数）；计息周期通常为"年""季""月"等。

（2）$i=I_1/p\times100\%$

i 为利率；I_1 为1个计息周期的利息；P 为本金。

（3）$I_n=P\times n\times i$

I_n 为 n 个计息期的总利息；n 为计息期数；i 为利率。

（4）$F_n=P(1+i)^n$

P 为本金；n 为计息期数；i 为利率。

知识点2 项目经济评价

1.静态评价方法

（1）

$$\sum_{t=0}^{P_t}(CI-CO)_t=0$$

CI为现金流入量；CO为现金流出量；$(CI-CO)_t$ 为第 t 年的净现金流量；P_t 为静态投资回

收期（年）。

（2）静态投资回收期亦可根据全部投资的财务现金流量表中的累计净现金流量计算求得，其计算公式为公式

P_t=(累计净现金流量开始出现正值或零的年份数–1)+上年累计净现金流量的绝对值/当年净现金流量。

（3）可以考虑接受；应予以拒绝。

（4）计算方法简单；投资回收期越短越好。

（5）时间价值；不能全面反映；真实状态。

（6）ROI= EBIT/TI × 100%

TI为投资总额，包括固定资产投资和流动资金投资等；EBIT为项目达产后正常年份的年息税前利润或平均年息税前利润，包括组织的利润总额和利息支出。

（7）可以考虑接受；应予以拒绝。

2.动态评价方法

（1）

$$\text{NPV} = \sum_{t=0}^{n}(\text{CI}-\text{CO})_t(1+i_0)^{-t}$$

NPV为净现值；$(CI-CO)_t$为第t年的净现金流量（应注意"+""-"号）；i_0为基准收益率；n为投资方案计算期。

（2）

$$\text{NPVR} = \frac{\text{NPV}}{K_p}$$

NPVR为净现值率；K_p为项目总投资现值。

（3）方案可行；方案不可行。

（4）

$$\sum_{t=0}^{P_D}(\text{CI}-\text{CO})_t(1+i_o)^{-t} = 0$$

i_0为基准收益率；P_D为动态投资回收期。

（5）

$$P_D = (\text{累计折现值开始出现正值或零的年份}-1) + \frac{\text{上年累计折现值的绝对值}}{\text{当年折现值}}$$

（6）可以被接受；应予以拒绝。

（7）

$$\sum_{t=0}^{n}(CI-CO)_t(1+IRR)^{-t}=0$$

（8）项目可行；不可行。

（9）【例题】（1）C；（2）B。

【例题解析】

计算投资回收期的相关内容如表1所示。

表1 计算投资回收期的相关内容

项目年度	0	1	2	3	4	5
支出	35000	1000	1500	2000	1000	2000
收入		20000	10000	12000	15000	20000
净现金流量	−35000	19000	8500	10000	14000	18000
净现金流量现值	−35000	17273	7025	7513	9562	11177

静态投资回收期=（累计净现金流量出现正值的年份数−1）+

$$\frac{\text{上一年累计净现金流量的绝对值}}{\text{出现正值年份的净现金流量}}$$

=(3−1)+|−35000+19000+8500|/10000=2.75

动态投资回收期=（累计净现金流量现值出现正值的年份数−1）+

$$\frac{\text{上一年累计净现金流量现值的绝对值}}{\text{出现正值年份净现金流量的现值}}$$

=(4−1)+|−35000+17273+7025+7513|/9562=3.3

第2节 运筹学

知识点1 线性规划

（1）最佳的经济效益；所消耗的资源最少。

（2）【例题】B。

【例题解析】 设生产甲X套、生产乙Y套，X≥0，Y≥0，
则题目中表21-2中的数据可用以下数学模型表示：

目标函数：MAX Z=2X+3Y

约束条件：

2X+3Y≤14

8X≤16，因此X≤2

3Y≤12，因此Y≤4

X，$Y \geq 0$

根据以上约束条件求解可知，当生产甲1套、生产乙4套的时候利润为2+12=14；当生产甲2套、只能生产乙3套的时候利润为4+9=13。所以此题选B。

知识点2　运输问题

（1）总运输费用最低。

（2）【例题解析】

本题用伏格尔法求运输问题。

步骤一：先找出每一列最小的2个数值相减求出差值，选择差值最大的那一个优先法安排运力。

计算结果见表1，B1列优先安排，B1列中最小为A1=2，A1供应量为3。

B1有4个，安排给A1 3个，A1安排完毕，B1的需求量还有1个。

表1　步骤一

产地	销地				供应量
	B1	B2	B3	B4	
A1	2	3	2	1	3
A2	10	8	5	4	7
A3	7	6	6	8	5
需求量	4	3	4	4	15
按照步骤一	7−2=5	6−3=3	5−2=3	4−1=3	

步骤二：此时A1已经安排完毕，剩下A2、A3继续按照步骤一找差值安排顺序。

B4对应的差值最大，此轮就先安排B4，B4对运费4最小，安排给A2，由于A2需要7个，而B4只有4个，全部供应给A2后，B4=0，此时A2还需要3个，见表2。

表2　步骤二

产地	销地				供应量
	B1	B2	B3	B4	
A1					
A2	10	8	5	4	7
A3	7	6	6	8	5
需求量	1	3	4	4	12
按照步骤一	10−7=3	8−6=2	6−5=1	8−4=4	

步骤三：继续求差，B1最大，安排B1，因为B1只剩下1个，安排给运费更小的A3，此时B1=0，A3安排1个，尚有4个需要安排，见表3。

表3 步骤三

产地	销地 B1	销地 B2	销地 B3	销地 B4	供应量
A1					
A2	10	8	5		3
A3	7	6	6		5
需求量	1	3	4		8
	10-7=3	8-6=2	6-5=1		

步骤四：继续求差，B2优先安排，B2有3个，安排给运费小的A3，A3需要4个，B2全部安排给A3，此时B2=0供应完毕，见表4。

表4 步骤四

产地	销地 B1	销地 B2	销地 B3	销地 B4	供应量
A1					
A2		8	5		3
A3		6	6		4
需求量		3	4		7
		8-6=2	6-5=1		

步骤五：目前只剩下B3需要安排，供应A2 3个，供应A3 1个，安排完毕，见表5。

表5 步骤五

产地	销地 B1	销地 B2	销地 B3	销地 B4	供应量
A1					
A2			5		3
A3			6		1
需求量			4		4

最后安排见表6。

表6 最后安排

产地	销地 B1	销地 B2	销地 B3	销地 B4	供应量
A1	3×2				3
A2			3×5	4×4	7
A3	1×7	3×6	1×6		5
需求量	4	3	4	4	15

运费：3×2(A1B1)+1×7(A3B1)+3×6(A3B2)+3×5(A2B3)+1×6(A3B3)+4×4(A2B4)
=6+7+18+15+6+16=68（元）

知识点3　指派问题

（1）总的效率最高。

（2）【例题解析】第一步：找出效率矩阵每行的最小元素，并分别从每行中减去该行的最小元素，这称为行变换。

$$\begin{bmatrix} 2 & 15 & 13 & 4 \\ 10 & 4 & 14 & 15 \\ 9 & 14 & 16 & 13 \\ 7 & 8 & 11 & 9 \end{bmatrix} \begin{matrix} \text{Min} \\ 2 \\ 4 \\ 9 \\ 7 \end{matrix} \xrightarrow{\text{行变换}} \begin{bmatrix} 0 & 13 & 11 & 2 \\ 6 & 0 & 10 & 11 \\ 0 & 5 & 7 & 4 \\ 0 & 1 & 4 & 2 \end{bmatrix}$$

第二步：找出效率矩阵每列的最小元素，并分别从每列中减去该列的最小元素，这称为列变换。

$$\begin{bmatrix} 0 & 13 & 11 & 2 \\ 6 & 0 & 10 & 11 \\ 0 & 5 & 7 & 4 \\ 0 & 1 & 4 & 2 \end{bmatrix} \xrightarrow{\text{列变换}} \begin{bmatrix} 0 & 13 & 7 & 0 \\ 6 & 0 & 6 & 9 \\ 0 & 5 & 3 & 2 \\ 0 & 1 & 0 & 0 \end{bmatrix}$$
$$\text{Min}\quad 0\quad 0\quad 4\quad 2$$

第三步：用最少的直线覆盖所有的"0"（横竖均可）。

第四步：如果所用直线数等于矩阵的维度，即至少需要4根直线才能覆盖所有的0，则说明最优分配已经产生，可以停止行变换和列变换。

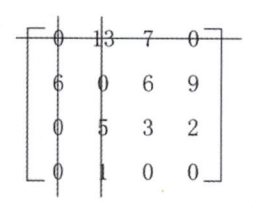

$$\begin{bmatrix} 0 & 13 & 7 & 0 \\ 6 & 0 & 6 & 9 \\ 0 & 5 & 3 & 2 \\ 0 & 1 & 0 & 0 \end{bmatrix}$$

第五步：寻找4个独立的0（这4个0中的任意2个都不能出现在同一行或同一列中）。

$$\begin{bmatrix} 0 & 13 & 7 & ⓪ \\ 6 & ⓪ & 6 & 9 \\ ⓪ & 5 & 3 & 2 \\ 0 & 1 & ⓪ & 0 \end{bmatrix} \quad \text{最优解为：} \begin{bmatrix} 0 & 0 & 0 & 1 \\ 0 & 1 & 0 & 0 \\ 1 & 0 & 0 & 0 \\ 0 & 0 & 1 & 0 \end{bmatrix}$$

第六步：独立的0对应着最优分配。

甲完成任务Ⅳ、乙完成任务Ⅱ、丙完成任务Ⅰ、丁完成任务Ⅲ，花费的总时间=4+4+9+11=28（小时）。

知识点4　动态规划

（1）整个过程达到最优化。

（2）【例题1】答案：14。

【例题解析】解题思路是：从终点E出发，反向求出倒数第一阶段，倒数第二阶段，……，直到起点A的各最短子路径。最终求出从起点到终点的最短路径，这种算法称为逆序法。具体步骤如下。

①先考虑最后一个阶段的最短子路径。

从D_1或D_2到E各有一条路径，因此，如果在本阶段的起点站为D_1，则在本阶段的决策必然为$D_1 \to E$。其距离为$d(D_1,E)=3$，并记作$f_4(D_1)=3$；如果在本阶段起点站为D_2，则在本阶段的决策必然为$D_2 \to E$，这时$d(D_2,E)=4$，记作$f_4(D_2)=4$。

注意：本例约定用$f(X)$表示从第k阶段的起点X到终点E的最短距离。

②综合考虑后两个阶段的最短子路径。

从C_1、C_2或C_3出发到E，要经过中间站D_i，而C_i到D_i的距离为$d(C_i,D_i)$，所以有：

$$f_3(C_1) = \min \begin{cases} d(C_1,D_1) + f_4(D_1) \\ d(C_1,D_2) + f_4(D_2) \end{cases} = \min \begin{cases} 5+3 \\ 6+4 \end{cases} = 8$$

$$f_3(C_2) = \min \begin{cases} d(C_2,D_1) + f_4(D_1) \\ d(C_2,D_2) + f_4(D_2) \end{cases} = \min \begin{cases} 4+3 \\ 4+4 \end{cases} = 7$$

$$f_3(C_3) = \min \begin{cases} d(C_3,D_1) + f_4(D_1) \\ d(C_3,D_2) + f_4(D_2) \end{cases} = \min \begin{cases} 7+3 \\ 3+4 \end{cases} = 7$$

因此，从C_1、C_2或C_3到E的最短子路径分别为：

$C_1 \to D_1 \to E$，且$f_3(C_1)=8$

$C_2 \to D_1 \to E$，且$f_3(C_2)=7$

$C_3 \to D_2 \to E$，且$f_3(C_3)=7$

③考虑后3个阶段综合起来的最短子路径。仿照步骤②，可求得：

$$f_2(B_1) = \min \begin{cases} d(B_1,C_1) + f_3(C_1) \\ d(B_1,C_2) + f_3(C_2) \\ d(B_1,C_3) + f_3(C_3) \end{cases} = \min \begin{cases} 6+8 \\ 6+7 \\ 7+7 \end{cases} = 13$$

$$f_2(B_2) = \min \begin{cases} d(B_2,C_1) + f_3(C_1) \\ d(B_2,C_2) + f_3(C_2) \\ d(B_2,C_3) + f_3(C_3) \end{cases} = \min \begin{cases} 5+8 \\ 3+7 \\ 4+7 \end{cases} = 10$$

于是，从B_1或B_2到E的最短子路径分别为

$B_1 \to C_2 \to D_1 \to E$，且$f_2(B_1)=13$

$B_2 \to C_2 \to D_1 \to E$，且$f_2(B_2)=10$

④4个阶段综合考虑，从A到E的最优选择为：

$$f_1(A) = \min \begin{cases} d(A,B_1) + f_2(B_1) \\ d(A,B_2) + f_2(B_2) \end{cases} = \min \begin{cases} 3+13 \\ 4+10 \end{cases} = 14$$

即从A到E的最短路径为A→B_2→C_2→D_1→E，距离为14。

（3）【例题2】答案：在方向A投入300万元，在方向B和方向C分别投入100万元。

【例题解析】方向B，100万元的投入产出比为5，优先选，方向C，100万元的投入产出比次之，剩下的投入方向A。投入产出比见表1。

表1 投入产出比

单位：万元

投资额	方向A投入产出比	方向B投入产出比	方向C投入产出比
0	0	0	0
100	2	5	4
200	3	4	3.5
300	3.3	3	3
400	3.25	3	2.75
500	3.6	3.2	2.2

因此在方向A投入300万元，在方向B和方向C分别投入100万元。

知识点5　最小生成树

【例题】答案：1300。

【例题解析】采用Kruskal算法解题：由题可知A～H总共有8个顶点，即N=8，然后先从小边长开始，再到小的边长，直到得到8-1=7个边长是最短的。

第一步：从题干中的图可以知道AD和GH是100，这两者之间的距离是图中最短的，得到下图。

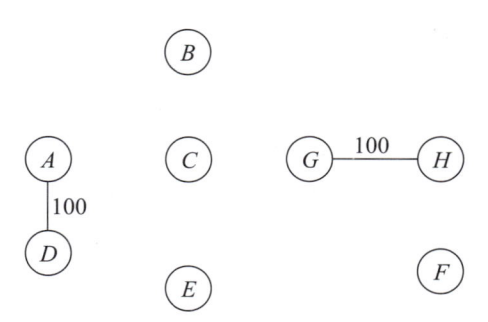

第二步：然后根据题干中的图，知道AB、DC、CG、GE、BG是200，是次小的，得到下图。

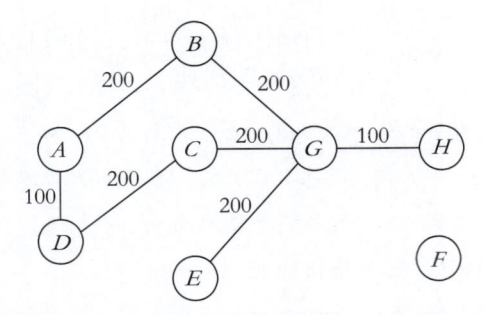

第三步：根据第二步的图可以知道，已经有6个边了，还差1个边，这个时候就差到F的，因为EF是300，HF是500，因此我们取最小的EF，得到下图。

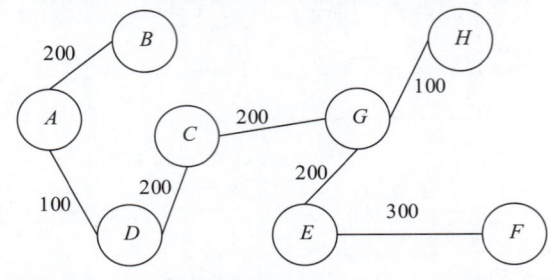

第四步：根据第三步的图，将图中的边长相加，得到最小的生成树，把图中的边长相加，AB+AD+DC+CG+GH+GE+EF=200+100+200+200+100+200+300=1300km。至少要铺设1300km的线路。

【易错点】容易被复杂的图形迷惑，不能准确地知道需要多少边长，就从大选到小或从小选到大。

【思路总结】用Kruskal算法求最小生成树的思想：设最小生成树为T=(V, TE)（注：V是所选路径数值的集合；TE是所选路径的集合），设置TE的初始状态为空集。将图中的边按权值从小到大排好序，然后从小的边开始依次选取，若选取的边使生成树T不形成回路，则把它并入TE中，保留作为T的一条边；若选取的边使生成树形成回路，则将其舍弃；如此进行下去，直到TE中包含N−1条边为止。最后的T即为最小生成树。

知识点6 博弈论

【例题解析】由赢得矩阵A可看出，甲队的最大赢得为3，要得到这个赢得，就应该选择策略α_3，由于假定乙队也是理智的，考虑到甲队打算出策略α_3的心理，于是准备用策略β_2来对付甲队，这样使得甲队反而失掉1分。双方都考虑到对方为使自己尽可能地少得分而所做的努力，所以双方都不存在侥幸心理，而是从各自可能出现的最不利的情形中选择一种最为有利的情况作为决策的依据，这就是所谓"理智行为"，也就是对策双方实际上都能接受的一种稳妥方法。

甲队的α_1、α_2、α_3三种策略可能带来的最少赢得，即矩阵A中每行的最小元素分别为1、−3、−1。

在这些最少赢得中最好的结果是1，即甲队应采取策略a_1，无论对手采用什么策略，甲队至少得1分，而出其他策略，都有可能使甲队的赢得少于1甚至输给乙方；同理，对乙队来说，策略β_1、β_2、β_3可能带来的最少赢得，即矩阵A中每列的最大元素（因为甲队得分越多，就使得乙队得分越少），分别为3、1、3。

其中，乙队最好的结果为甲队得1分，这时乙队采取β_2策略，不管甲队采用什么策略，甲队的得分不会超过1分（即乙队的失分不会超过1）。上述分析表明，双方的理智行为分别是甲队应采用α_1策略，乙队应采用β_2策略，这时甲队的赢得值和乙队的损失值都是1，相互的竞争使对策出现了一个最稳妥的结果，我们把α_1和β_2分别称为甲队和乙队的最优策略。由于甲队无论乙队采用什么策略，都采用一种策略α_1，而乙队也无论甲队采用什么策略，都采用一种策略β_2，我们把这种最优策略α_1和β_2，分别称为甲队和乙队的最优纯策略。只有当赢得矩阵$A=(\alpha_{ij})$中等式

$$\max_i \min_j \alpha_{ij} = \min_j \max_i \alpha_{ij}$$

成立时，甲、乙两队才有最优纯策略，(α_1, β_2)称为对策G在纯策略下的解，又称(α_1, β_2)为对策G的鞍点，其值V称为对策$G=\{S_1,S_2,A\}$的值，在此例中V=1。

知识点7　决策（EMV）

【例题】答案：B。

【例题解析】第一步：在题干中有两个决策路线，因此我们要分别计算自研和采购的EMV（加权平均值）。

EMV（自研的加权平均值）=(2.14×70%)+(-1.12×30%)=1.498-0.336=1.162

EMV（采购的加权平均值）=(1.58×60%)+(-0.83×40%)=0.948-0.332=0.616

第二步：因为根据自研的加权平均值大于采购的加权平均值，因此选择自研。

【易错点】亏损要记为负值，有几个决策路线都需要计算出来，然后进行比较。

【思路总结】预期货币价值分析（EMV）是一个统计概念，用以计算在将来某种情况发生或不发生情况下的平均结果（不确定状态下的分析）。机会的预期货币价值一般表示为正数，而风险的预期货币价值一般表示为负数。每个可能结果的数值与其发生概率相乘之后加总，即得出预期货币价值。这种分析最通常的用途是用于决策树分析收入为正值，损失为负值，累加得出结果。然后比较大小，取最大值。

第22章

组织通用治理 答案

第1节 组织战略

知识点1 组织战略要点

1. 战略目标

（1）总水平；总任务；主要行动方向。

（2）多元化。

2. 常见的组织总体战略类型

（1）发展型战略。

（2）稳定型战略。

（3）紧缩型战略。

3. 组织战略的特性

（1）全局性。

（2）长远性。

（3）纲领性。

（4）指导性。

（5）竞争性。

（6）风险性。

（7）相对稳定性。

知识点2 组织定位

1. 组织愿景

全体员工共同心愿。

2. 组织使命

总方向；总目标；总特征；总的指导思想。

3.组织文化

（1）区别；关键因素；最为本质；原动力。

（2）①文化属性；执行性。

②实践方法。

知识点3　组织环境分析

PEST模型分析、SWOT分析法。

知识点4　组织能力确认

1.基本能力

（1）核心能力的管理。

（2）领导力。

（3）组织结构。

（4）信息技术。

2.人才战略

爱才；识才；护才；选才。

3.产品和服务战略

技术密集型；成本导向型；目标动态型。

知识点5　创新和改进

动态适应性。

第2节　绩效考核

知识点1　绩效计划

1.绩效计划的含义

（1）组织最高层开始依次向下；层层分解；个人。

（2）制订绩效计划；关键步骤；重要手段。

2.绩效计划制订的原则

目标导向原则；价值驱动原则；全员参与原则；流程系统化原则；可行性原则；重点突出原则；足够激励原则；职位特色原则。

3.绩效计划的内容

（1）绩效标准；绩效目标；绩效内容。
（2）组织绩效计划；部门绩效计划；个人绩效计划。
（3）年度绩效计划；季度绩效计划；月度绩效计划。
（4）绩效内容；绩效标准。
（5）控制；激励。
（6）绩效内容；绩效项目；绩效指标。
（7）工作业绩；工作能力；工作态度。

知识点2　绩效实施

1.绩效实施3大关键点

统一思维；引发热情；训练能力。

2.绩效实施的主要特征

（1）动态。
（2）持续沟通式的绩效辅导。
（3）绩效评估；依据。

3.绩效实施的具体内容

持续不断的绩效沟通；绩效信息的记录和收集。

知识点3　绩效治理

绩效治理的8个步骤

①统一组织目标。
②明确职位职责。
③提炼绩效考核指标；3～5。
④设定职位考核指标值。
⑤执行中的跟踪、监督和指导。
⑥绩效评估。
⑦分析问题和建议方法；核心步骤。
⑧绩效反馈。

知识点4　绩效评估

1.绩效评估的内容

（1）上一周期；回顾及评估。

（2）下一绩效周期。

（3）确定报酬调整和奖励方案。

2.绩效评估的类型

效果主导型；品质主导型；行为主导型。

3.绩效评估的方法

（1）排序法；内容单一或工作内容相同。

（2）硬性分布法；分档。

（3）尺度评价表法；考评打分。

（4）关键事件法。

（5）平衡计分卡法；综合考评。

（6）目标管理法；事先设定。

4.绩效评估的程序

人力资源部门。

知识点5　绩效评价结果反馈

绩效反馈的内容

（1）当期绩效评估结果。

（2）绩效差距与确定改进措施。

（3）工作任务与目标。

（4）资源配置。

知识点6　绩效评价结果应用

（1）①价值评价；②绩效改进。

（2）①员工荣誉；②绩效改进；③薪酬调整；④人事调整；⑤在职培训；⑥员工职业生涯规划。

第3节　转型升级

知识点1　战略转型升级

（1）战略转型。

（2）战略选择问题。

（3）技术战略；市场战略；产品战略；组织架构。

（4）中长期发展；发展品质；速度。

知识点2　数字化转型实施

（1）数字化转换；数字化升级。

（2）新技术的强势发展；低"交互成本"运作；业务运行的透明化；个性化需求的满足。

（3）①规划层；②实施层；③能力层；④资源层。

（4）数据。

（5）组织数字文化；数字人才队伍；数字化绩效评价；业务模式创新；数字化产品和服务；数字化营销。

第23章

组织通用管理 答案

第1节 人力资源管理

知识点1 人力资源管理基础

规划；招聘；维护；提升；评价。

知识点2 工作分析与岗位设计

1. 工作分析

（1）招聘和选择员工；发展和评价员工；制定薪酬政策；组织与岗位设计。

（2）明确工作分析范围；确定工作分析方法；工作信息收集和分析；评价工作分析方法。

2. 岗位设计

（1）工作内容设计；工作职责设计；工作关系设计。

（2）工作内容设计；工作的广度；工作的深度；工作的完整性；工作的自主性；工作的反馈性。

知识点3 人力资源战略与计划

1. 人力资源战略

（1）人力资源战略；人力资源管理系统。

（2）战略制定；战略执行。

2. 人力资源预测

人力资源需求预测；人力资源供给预测。

3. 人力资源计划控制与评价

（1）①增加录用的数量；②提高每位员工的效率或延长他们的工作时间。

（2）①减少加班数量或工作时间；②鼓励员工提前退休；③减少新进员工的数量；④出让闲置人力资源；⑤辞退。

知识点4　人员招聘与录用

（1）招聘计划制订；招聘信息发布；应聘者申请；人员甄选与录用；招聘评估与反馈。

（2）非结构化面试；半结构化面试；结构化面试。

（3）①招聘周期；②用人部门满意度；③招聘成功率；④招聘达成率；⑤招聘成本。

知识点5　人员培训

①评估组织开展员工培训的需求；

②设定员工培训的目标；

③设计培训项目；

④培训的实施和评估。

知识点6　组织薪酬管理

（1）基本薪酬；绩效加酬；激励薪酬；延期支付。

（2）福利保障；带薪休假；各种服务与津贴。

（3）①进行工作分析；②编写职位说明书；③工作评价；④建立职位薪酬结构。

（4）①薪酬等级数；②目标薪酬；③薪酬级差；④薪酬幅度；⑤薪酬重叠情况。

（5）计件制；佣金制和底薪制；加薪；基本薪酬；短期奖励或奖金计划；长期奖励计划；正常雇员福利；高级管理人员的特殊福利或津贴。

第 2 节　流程管理

知识点1　流程基础

（1）目标性；内在性；整体性；层次性。

（2）战略控制层；流程执行层；系统支撑层。

（3）导入期；成长期；成熟期；衰退期或变革期。

（4）管理大跨度原则；管理多元参与原则；管理高频度使用原则。

知识点2　流程规划

（1）目的；最终结果。

（2）战略；全局管理；系统管理；整体最优。

（3）战略流程；运行流程；支持流程。

知识点3　流程执行

（1）理解流程。

（2）新员工入职。

（3）流程管理者。

知识点4　流程评价

（1）流程稽查；流程绩效评估；满意度评估；流程审计。
（2）效果；效率；弹性。
（3）流程审计。
（4）①流程优化；②绩效考核；③过程控制；④纠正措施；⑤战略调整。

知识点5　流程持续改进

问题导向；绩效导向；变革导向。

第3节　知识管理

知识点1　知识管理基础

（1）①知识管理是优化的流程；②知识管理是管理；③知识管理依赖于知识。
（2）①领导作用；②战略导向；③业务驱动；④文化融合；⑤技术保障；⑥知识创新；⑦知识保护；⑧持续改进。

知识点2　知识价值链

①知识创造；②知识分类；③知识审计；④知识储存；⑤知识分享；⑥知识更新。

知识点3　显性知识与隐性知识

1.显性知识

（1）文字；公式；图形；客观存在的；不以个人意志为转移。
（2）①客观存在性；②静态存在性；③可共享性；④认知无能性。

2.隐性知识

（1）个人经验。
（2）学徒制；直接交互；交流和行动学习；面对面社交互动；经验实践。

知识点4　知识管理过程

1.知识管理的原则

积累原则；共享原则；交流原则。

2.显性知识获取与采集

图书资料；数据访问；数据挖掘；网络搜索；智能代理；许可协议；营销与销售协议。

3.隐性知识获取与采集

结构式访谈；行动学习；标杆学习；分析学习；经验学习；综合学习；交互学习。

4.知识库

自顶而下原则；由外而内原则；专家参与原则；高内聚低耦合原则；定期更新原则。

5.知识共享

（1）共享对象；共享主体；共享手段。
（2）编码化管理；人格化管理。

知识点5　知识协同与创新

（1）知识主体；知识客体；时间；环境。
（2）面向知识创新；知识互补性；共赢性；知识协同平台支撑；"1+1>2"的效应涌现。

第4节　市场营销

知识点1　营销基础

1.市场与客户

（1）理解客户的需求以及组织从事经营活动的市场。
（2）①需要、欲望和需求；②市场提供物；③客户价值和满意；④交换和关系；⑤市场。

2.市场营销组合

产品；定价；渠道；促销。

知识点2　营销环境

（1）组织；供应商；营销中介；客户；竞争者；公众。
（2）人口；经济；自然；技术；政治与社会；文化。

知识点3　营销分析

（1）内部资料；市场营销情报；市场营销调研。
（2）确认需要；搜索信息；评估备选方案；购买决策；购后行为。

知识点4　营销管控

（1）分析；计划；执行；控制。

（2）优势；弱点；机会；威胁。

（3）确定目标受众；明确沟通目标；设计信息；选择沟通渠道和媒体；选择信息来源；收集反馈。

（4）发掘潜在客户和核查资格；销售准备；接近客户；介绍和示范；处理异议；成交；跟进和维持。

第24章

法律法规与标准规范 答案

第1节 法律法规

知识点1 民法典（合同编）

（1）2020；5；第十三届；法律基础。
（2）合同。
（3）书面形式；口头形式。
（4）要约；承诺方式。

知识点2 招标投标法

（1）规范招标投标活动。
（2）公开招标；邀请招标。
（3）少于三个。
（4）招标人。
（5）五人以上单数；三分之二。
（6）三十日。
（7）招标人；非主体；非关键性；不得再次分包。
（8）连带。

知识点3 政府采购法

（1）2014；8；31。
（2）财政性资金；集中采购目录；采购限额标准。
（3）
①公开招标；
②邀请招标；
③竞争性谈判；
④单一来源采购；
⑤询价。

（4）公开招标。

知识点4　专利法

（1）发明；实用新型；外观设计。

（2）发明。

（3）实用新型。

（4）外观设计。

（5）该单位。

（6）发明人或者设计人。

（7）最先申请的人。

知识点5　著作权法

（1）2020；11；11。

（2）受托人。

（3）不改变作品著作权的归属；原件所有人。

知识点6　商标法

（1）商标局。

（2）商标评审委员会。

（3）注册商标；商品商标；服务商标和集体商标；证明商标。

（4）十年。

知识点7　网络安全法

（1）第一部；基础性法律。

（2）基本原则。

知识点8　数据安全法

（1）2021；9；1。

（2）最高位阶。

（3）一轴两翼多级。

第 2 节　标准规范

（1）软件工程软件工程知识体系指南。

（2）信息技术软件生存周期过程。

第25章

计算题进阶 答案

第1节 成本计算

知识点1 成本基础

（1）AC。

（2）PV。

（3）AC。

（4）PV。

知识点2 成本分析

答案：

序号	参数关系	分析（含义）	措施
（1）	AC＞PV＞EV SV＜0，CV＜0	进度（<u>滞后</u>），成本（<u>超支</u>）	用工作效率高的人员更换一批工作效率低的人员；赶工或并行施工追赶进度
（2）	PV＞AC=EV SV＜0，CV=0	进度（<u>滞后</u>），成本（<u>持平</u>）	增加高效人员投入，赶工或并行施工追赶进度
（3）	AC=EV＞PV SV＞0，CV=0	进度（<u>超前</u>），成本（<u>持平</u>）	抽出部分人员，增加少量骨干人员
（4）	EV＞PV＞AC SV＞0，CV＞0	进度（<u>超前</u>），成本（<u>节约</u>）	若偏离不大，维持现状，加强质量控制

知识点3 成本进阶

（1）EV。

（2）EV；CPI。

（3）EV；CPI*SPI。

（4）ETC。

（5）BAC。

（6）BAC–EV；BAC–AC。

（7）BAC–EV；EAC–AC。

（8）EAC。

第 2 节　进度计算

知识点1　进度基础

（1）EF；ES。

（2）ES；EF。

知识点2　进度分析

（1）FF。

（2）SF。

（3）虚工作。

（4）接驳缓冲；项目。

知识点3　进度进阶

（1）自由时差。

（2）时标网络图；自由时差。

（3）单代号网络图。

（4）双代号网络图。

（5）正确。

（6）甘特图。

第26章

"六脉神剑"之必背技术类大题 答案

知识点1　少商剑（IT治理）

【答案】

IT治理的核心内容包括组织职责、战略匹配、资源管理、价值交付、风险管理和绩效管理六个方面。

【记忆方法】"组战子嫁风笑"。

知识点2　商阳剑（数据管理能力）

答案：

数据管理能力成熟度评估模型（Data Management Capability Maturity Model，DCMM）定义了数据战略、数据治理、数据架构、数据应用、数据安全、数据质量、数据标准和数据生存周期八个核心能力域。

（1）组织的数据战略能力域通常包括数据战略规划、数据战略实施和数据战略评估三个能力项。

（2）组织的数据治理能力域通常包括数据治理组织、数据制度建设和数据治理沟通三个能力项。

（3）组织的数据架构能力域通常包括数据模型、数据分布、数据集成与共享和元数据管理四个能力项。

（4）数据应用能力域通常包括数据分析、数据开放共享和数据服务三个能力项。

（5）组织的数据安全能力域通常包括数据安全策略、数据安全管理和数据安全审计三个能力项。

（6）组织的数据质量能力域通常包括数据质量需求、数据质量检查、数据质量分析和数据质量提升四个能力项。

（7）组织的数据标准能力域通常包括业务术语、参考数据和主数据、数据元和指标数据四个能力项。

（8）组织的数据生存周期能力域通常包括数据需求、数据设计和开发、数据运维和数据退役四个能力项。

记忆方法："粘支架，应安质，表生存"。

知识点3　少冲剑（面向对象设计）

答案：

（1）单职原则：设计功能单一的类，本原则与结构化方法的高内聚原则是一致的。

（2）开闭原则：对扩展开放，对修改封闭。

（3）李氏替换原则：子类可以替换父类。

（4）依赖倒置原则：要依赖于抽象，而不是具体实现；要针对接口编程，不要针对实现编程。

（5）接口隔离原则：使用多个专门的接口比使用单一的总接口要好。

（6）组合重用原则：要尽量使用组合，而不是继承关系达到重用目的。

（7）迪米特原则（最少知识法则）：一个对象应当对其他对象有尽可能少的了解，本原则与结构化方法的低耦合原则是一致的。

记忆方法： "单开李一，接组迪米"。

知识点4　关冲剑（设计模式）

答案：

设计模式可分为创建型模式、结构型模式和行为型模式三种。

（1）创建型模式：主要用于创建对象，包括工厂方法模式、抽象工厂模式、原型模式、单例模式和建造者模式等。

（2）结构型模式：主要用于处理类或对象的组合，包括适配器模式、桥接模式、组合模式、装饰模式、外观模式、享元模式和代理模式等。

（3）行为型模式：主要用于描述类或对象的交互以及职责的分配，包括职责链模式、命令模式、解释器模式、迭代器模式、中介者模式、备忘录模式、观察者模式、状态模式、策略模式、模板方法模式、访问者模式等。

记忆方法： "单抽元件厂，外侨组员带配饰，观摩对策，责令解放，戒忘台"。

知识点5　中冲剑（数据元）

答案：

数据元是数据库、文件和数据交换的基本数据单元。一般来说，制定一个数据元标准，应遵循若干个基本过程：

（1）描述；

（2）界定业务范围；

（3）开展业务流程分析与信息建模；

（4）借助信息模型，提取数据元，并按照一定的规则规范其属性；

（5）对于代码型的数据元，编制其值域，即代码表；

（6）与现有的国家标准或行业标准进行协调；

（7）发布实施数据元标准并建立相应的动态维护管理机制。

知识点6　少泽剑（安全工程）

答案：

在三维空间中，Y轴是OSI网络参考模型，信息安全系统的许多技术、技巧都是在网络的各个层面上实施的。X轴是"安全机制"，Z轴是"安全服务"。

由X、Y、Z三个轴形成的空间就是信息系统的"安全空间"，随着网络逐层扩展，这个空间不仅范围逐步加大，安全的内涵也就更丰富，达到具有认证、权限、完整、加密和不可否认五大要素，也叫做"安全空间"的五大"属性"。

每个轴上的内容越丰富，越深入，越科学，"安全空间"就越大，安全性越好。

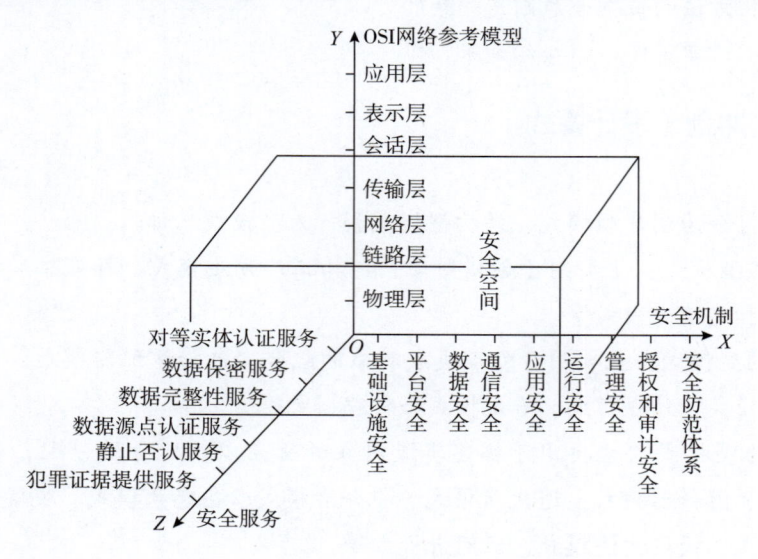

第27章

"独孤九剑"之必背管理类大题 答案

知识点1　总诀式（项目管理原则）

【答案】

项目管理原则包括：

①勤勉、尊重和关心他人；

②营造协作的项目团队环境；

③促进干系人有效参与；

④聚焦于价值；

⑤识别、评估和响应系统交互；

⑥展现领导力行为；

⑦根据环境进行裁剪；

⑧将质量融入到过程和成果中；

⑨驾驭复杂性；

⑩优化风险应对；

⑪拥抱适应性和韧性；

⑫为实现目标而驱动变革。

【记忆方法】

远上寒山石径霞，勤勉尊重关心她；

白云生处有人家，营造环境要干架！

停车坐爱枫林晚，交互展现驾复杂；

霜叶红于二月花，诗人剪纸风变化！

【解析】

营造环境：营造协作的项目团队环境

干架：干系人，价值

诗人：拥抱适应性和韧性

剪：根据环境进行裁剪

纸：将质量融入过程和成果

风：优化风险应对

变化：变革

知识点2　破剑式（项目章程）

【答案】

①项目目的；②可测量的项目目标和相关的成功标准；③高层级需求、高层级项目描述、边界定义以及主要可交付成果；④整体项目风险；⑤总体里程碑进度计划；⑥预先批准的财务资源；⑦关键干系人名单；⑧项目审批要求（例如，评价项目成功的标准，由谁对项目成功下结论，由谁签署项目结束）；⑨项目退出标准（例如，在何种条件下才能关闭或取消项目或阶段）；⑩委派的项目经理及其职责和职权；⑪发起人或其他批准项目章程的人员的姓名和职权等。

【记忆方法】

"两目、两人、苗人凤伸腿进财"。

【说明】两目是指前两条：项目目标和项目目标，两人是指最后两条：项目经理和发起人。

知识点3　破刀式（需求跟踪矩阵）

答案：

跟踪需求的内容包括：①业务需要、机会、目的和目标；②项目目标；③项目范围和WBS可交付成果；④产品设计；⑤产品开发；⑥测试策略和测试场景；⑦高层级需求到详细需求等。

记忆方法：

前三个是从大到小，从大的业务目标，到小的项目目标，再到具体的可交付成果；

后三个是按时间顺序，分别是设计、开发、测试；

最后一个是越来越细，从高层次需求到具体的详细需求。

知识点4　破枪式（范围说明书）

答案：

①产品范围描述，②可交付成果，③验收标准，④项目的除外责任。

记忆方法：产科演出。

知识点5　破鞭式（WBS分解原则）

答案：

（1）WBS必须是面向可交付成果的。

（2）WBS必须符合项目的范围。

（3）WBS的底层应该支持计划和控制。

（4）WBS中的元素必须有人负责，而且只有一个人负责。

（5）WBS应控制在4~6层。一个工作单元只能从属于某个上层单元，避免交叉从属。

（6）WBS应包括项目管理工作，也要包括分包出去的工作。

（7）WBS的编制需要所有（主要）项目干系人的参与。

（8）WBS并非是一成不变的。

知识点6　破索式（冲突管理）

答案：

解决方式	特点	说明	其他
合作/解决问题	赢-赢	综合考虑不同的观点和意见，采用合作的态度和开放式对话引导各方达成共识和承诺，这种方法可以带来双赢局面	最好的冲突解决方式
妥协/调解	各让一步 不输不赢	为了暂时或部分解决冲突，寻找能让各方都在一定程度上满意的方案，但这种方法有时会导致"双输"局面	冲突各方都有一定程度的满意、但冲突各方没有任何一方完全满意
缓和/包容	求同存异	强调一致而非差异；为维持和谐与关系而退让一步，考虑其他方的需要	保持一种友好的气氛，但是回避了解决冲突的根源
撤退/回避	双输，矛盾被搁置"离他远点"	从实际或潜在冲突中退出，将问题推迟到准备充分的时候，或者将问题推给其他人员解决	短期可以，长远来看不好。解决问题条件不成熟
强迫/命令	赢-输 单赢-"我就要赢！"	以牺牲其他方为代价，推行某一方的观点；只提供赢-输方案	通常是利用权力来强行解决紧急问题，会破坏团队气氛

知识点7　破掌式（配置库变更流程）

答案：

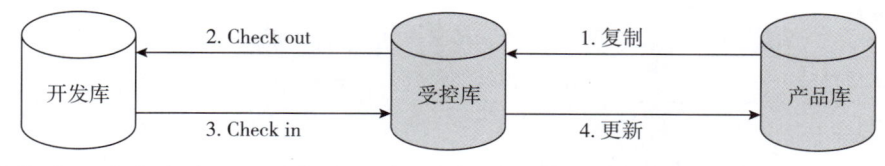

```
开发库  ←—— 2. Check out ——  受控库  ←—— 1. 复制 ——  产品库
       —— 3. Check in ——→          —— 4. 更新 ——→
```

①将待升级的基线（假设版本号为V2.1）从产品库中取出，放入受控库。

②程序员将欲修改的代码段从受控库中检出（Check out），放入自己的开发库中进行修改。代码被检出后即被"锁定"，以保证同一段代码只能同时被一个程序员修改，如果甲正在对其修改，乙就无法将其检出。

③程序员将开发库中修改好的代码段检入（Check in）受控库。代码检入后，代码的

"锁定"被解除，其他程序员就可以检出该段代码了。

④软件产品的升级修改工作全部完成后，将受控库中的新基线存入产品库中（软件产品的版本号更新为V2.2，旧的V2.1版并不删除，继续在产品库中保存）。

知识点8　破箭式（项目经理权力）

答案：

权力类别	描　述
职位权力	来源于管理者在组织中的职位和职权
惩罚权力	使用降职、扣薪、惩罚、批评、威胁等负面手段的能力，需谨慎使用
奖励权力	给予下属奖励的能力
专家权力	来源于个人的专业技能
参照权力	由于成为别人学习参照的榜样所拥有的力量

其中：职位权力、惩罚权力、奖励权力来自组织的授权，专家权力和参照权力来自管理者自身。

知识点9　破气式（绩效域）

答案：

绩效域方向	绩效要点
干系人绩效域	识别、理解和分析、优先级排序、参与、监督
团队绩效域	项目团队文化、高绩效项目团队、领导力技能
开发方法和生命周期绩效域	交付节奏、开发方法、开发方法的选择、协调交付节奏和开发方法
规划绩效域	规划的影响因素、项目估算、项目团队组成和结构规划、沟通规划、实物资源规划、采购规划、变更规划、度量指标和一致性
项目工作绩效域	项目过程、项目制约因素、专注于工作过程和能力管理沟通和参与、管理实物资源、处理采购事宜、监督新工作和变更、学习和持续改进
交付绩效域	价值的交付、可交付物、质量
度量绩效域	制定有效的度量指标、度量内容及相应指标、展示度量信息和结果、度量陷阱、基于度量进行诊断、持续改进
不确定性绩效域	风险、模糊性、复杂性、不确定性的应对方法

记忆要点：

（1）八大绩效域的速记词为：团干部策划开公交。

（2）除案例分析会考绩效域外，论文也有可能考绩效域的，若考到绩效域的论文，需要按该绩效域的绩效要点展开写作，因此绩效要点需要记忆。